L'Évangile, et l'Écriture

BGC LES BROCHURES DE LA
GOSPEL COALITION

SOUS LA DIRECTION DE **D. A. CARSON** ET **TIMOTHY KELLER**

L'Évangile, et l'Écriture

BGC LES BROCHURES DE LA
GOSPEL COALITION

L'Évangile et l'Écriture

Édition originale en anglais :
Can we know the truth ? ; What is the Gospel ? ; The Gospel and Scripture : how to read the Bible
© 2011 par The Gospel Coalition
Publié par Crossway, a publishing ministry of Good News Publishers

Dépôt légal - 1er trimestre 2013

ISBN : 978-2-89082-169-9

Dépôt légal :   Bibliothèque et Archives nationales du Québec
                   Bibliothèque et Archives Canada

En Europe, ce livre est publié aux Éditions Clé
ISBN : 978-2-35843-020-3

Sauf indications contraires, toutes les citations bibliques sont tirées de la version revue 1979 Louis Segond de la Société Biblique de Genève

Table des matières

Préface

Deux amis, Don Carson, professeur de Nouveau Testament à la *Trinity Evangelical Divinity School* à Chicago, et Tim Keller, pasteur de la *Redeemer Presbyterian Church* à Manhattan, sont à l'origine d'une idée dynamique qui a traversé non seulement les frontières géographiques mais également les contours dénominationnels du christianisme évangélique. Cette idée a donné naissance à un mouvement appelé *The Gospel Coalition (TGC)*, qui représente aujourd'hui un réseau de pasteurs, de théologiens et de membres d'Églises qui partagent une même vision, énoncée dans les documents fondateurs (consultables sur www.seminaireevangile.com).

Ce mouvement regroupe des individus et ne cherche en aucun cas à se substituer aux unions d'Églises ou aux œuvres existantes. Il ne veut que promouvoir la centralité de l'Évangile avec ses implications pour la vie du croyant dans l'Église et la société.

Dans le même ordre d'idées, il nous a semblé utile de publier ces brochures rédigées par plusieurs membres du Conseil de

TGC ; elles expliquent et développent les documents fondateurs du mouvement.

Notre prière est que ces brochures puissent alimenter notre réflexion sur l'importance de la centralité de l'Évangile, et ainsi contribuer à l'affermissement et à l'édification de l'Église en francophonie.

– Mike Evans
Genève, novembre 2012

RICHARD D. PHILLIPS
a obtenu une maîtrise en théologie (MDiv) au Westminster Theological Seminary. Pasteur principal de la Second Presbyterian Church à Greenville, en Caroline du Sud, et membre du conseil de la Alliance of Confessing Evangelicals, il est aussi l'auteur de plusieurs livres dont Jesus the Evangelist et What's So Great about the Doctrines of Grace?

Peut-on connaître la vérité ?

RICHARD D. PHILLIPS

Alors que James Montgomery Boice, enseignant de la Bible réputé, voyageait en avion, la femme assise à ses côtés découvrit qu'il était pasteur. Elle réagit en lui exposant toutes ses objections à la foi chrétienne. Elle s'en prit d'abord à la doctrine du péché originel, qu'elle jugeait dénuée de bon sens et qu'elle ne pouvait accepter. Boice l'écouta, puis répondit : « Je vois, mais cette doctrine est-elle vraie ? »

Elle s'attaqua ensuite à l'idée du jugement et de l'enfer, soulignant leur caractère barbare et amoral. « Je comprends ce que vous ressentez, répondit-il, mais cette idée est-elle vraie ? »

Finalement, elle exprima son dégoût à l'égard de la quasi-totalité de ce qu'enseigne la Bible, lui reprochant de ne pas être au goût du jour et de ne pas correspondre du tout à sa façon de voir les choses. Au moment où Boice allait ouvrir la bouche pour la dernière fois, elle l'interrompit : « Oh, je sais, au fond, tout ça n'a pas d'importance et vous allez me rétorquer : "Est-ce que cet enseignement est vrai ?" »

Cette conversation eut lieu vers 1990. Je suppose que si elle s'était produite en 2010, la fin de l'histoire aurait été quelque peu

11

différente. Au lieu de reconnaître, en fin d'échange, que c'est la vérité qui compte, la dame en question aurait changé la direction de la conversation : « Comment pouvez-vous affirmer que vos croyances sont vraies ? Personne ne peut connaître la vérité, c'est ce que je ressens à son sujet qui compte ».

Dorénavant, pour communiquer la vérité de l'Évangile aux générations postmodernes, les chrétiens ne pourront plus se contenter d'en énoncer le contenu en toute simplicité. Bien souvent, il ne suffira plus d'ouvrir notre Bible et de lire les versets classiques de l'épître aux Romains pour expliquer la voie du salut. Il faudra en outre – et parfois au préalable – répondre à des questions du genre : « Pourquoi dois-je considérer que la Bible est vraie ? » et « C'est peut-être vrai pour vous, mais pourquoi serait-ce vrai pour quelqu'un d'autre ? » Ces questions touchent à l'*épistémologie*, c'est-à-dire aux croyances et aux présupposés en matière de connaissance et de vérité. Avant de rendre témoignage de la vérité chrétienne, nous devrons souvent exposer des notions chrétiennes claires à propos du concept même de vérité.

L'approche évangélique de la connaissance de la vérité doit intégrer nos convictions bibliques relatives à Dieu, à l'humanité, au péché, au salut et à bien d'autres choses encore. Certains pourraient rétorquer qu'en partant de nos croyances, nous injectons de la subjectivité dans le débat, puisque notre théorie de la vérité repose alors sur certains postulats ou présupposés. Nous leur répondons que, en tant que chrétiens, nous ne pouvons faire abstraction de qui nous sommes et de ce que nous sommes devenus par notre relation à Jésus-Christ.

Ainsi, ce chapitre n'a pas pour but de présenter une épistémologie objective que toute personne, qu'elle soit chrétienne ou non, pourrait accepter. Il expose plutôt une position, concernant la connaissance de la vérité, qui reflète les convictions essentielles découlant de notre foi en l'Évangile, tout en validant notre expérience chrétienne. Autrement dit, ce qui suit développe la manière dont nous, *en tant que chrétiens*, répondons aux questions concernant la connaissance de la vérité.

Certains se demanderont s'il ne serait pas préférable de dialoguer avec nos amis incroyants sur la base d'une épistémologie objective commune. Nous devons leur répondre que s'il existait un fondement objectif commun de ce genre, il obligerait nécessairement les chrétiens à faire table rase de la seigneurie de Jésus. Or, nous ne pouvons procéder ainsi de façon honnête. Cela signifie-t-il pour autant que nous sommes réduits à affirmer, non sans provoquer la frustration de nos interlocuteurs : « Vous devez naître de nouveau pour comprendre » ? Pas du tout ! Les chrétiens ne se contentent pas de communiquer le message de l'Évangile au monde qui les entoure ; ils proposent aussi, aux questions importantes qui ont trait à la connaissance de la vérité, des réponses centrées sur Dieu et sur Christ.

LA CRISE ACTUELLE DE LA VÉRITÉ

Il se trouve que nous vivons un moment historique de tension entre deux modèles – ou théories – concernant la connaissance de la vérité : le *moderne* et le *postmoderne*. Pendant des générations, la théorie moderne transmettait la conviction inébranlable que la raison humaine réussirait à étendre sa connaissance de la vérité et à s'en servir, sans aucune aide. De même que la physique de Newton déboucha sur la connaissance des lois de la gravité, les modernes croyaient aux progrès rationnels vers la vérité dans pratiquement tous les domaines de la vie.

Cette conviction subsista jusqu'à ce que les dures réalités du XXe siècle viennent l'ébranler. La foi en la raison seule a été remise en cause par les « vérités » de l'Allemagne nazie, du communisme consécutif à la Seconde Guerre mondiale et de l'impérialisme occidental. La science développée par la raison livrée à elle-même n'a pas non plus traité favorablement la Bible et son Évangile ; c'est par différents portraits à sa propre image que le dogme rationaliste a remplacé le Jésus biblique.

Même lorsque des chrétiens favorables à la pensée moderne ont cherché à s'appuyer sur le rationalisme pour justifier l'enseignement biblique, d'autres chrétiens, réfléchis, ont constaté que l'approche rationaliste de la vérité absolue s'accorde bien mal avec l'humilité et la charité chrétiennes, ainsi qu'avec la doctrine biblique du péché humain. Avec l'entrée du témoignage chrétien dans le XXIe siècle, nous avons, à juste titre, cherché à prendre nos distances vis-à-vis du rationalisme, support de la modernité.

Évaluation des notions postmodernes

Dans la pensée séculière, la disparition de la confiance dans la modernité a engendré une génération d'adolescents rebelles et a donné naissance à la postmodernité, dont le but principal est de détruire tout ce qui appartient au modernisme. Presque incidemment, la postmodernité s'est également attaquée à la pensée chrétienne. D.A. Carson a relevé quelques points forts de la critique postmoderne, alors même que cette dernière s'en prend à certaines approches évangéliques récentes de la théologie et de l'apologétique[1].

Premièrement, les chrétiens devraient reconnaître le rôle joué par le contexte dans la compréhension et la croyance de chacun. La « vérité » est toujours défendue par des personnes en chair et en os qui sont profondément façonnées par la culture, le langage, l'héritage et la société. On constatera des différences, des points forts et des points faibles, entre la manière dont un Occidental lira un passage de l'Écriture et celle dont un chrétien d'Afrique subsaharienne lira ce même passage. L'Occidental remarquera vraisemblablement les aspects individualistes du texte qu'il lit et l'Africain sera davantage sensible à ses aspects communautaires.

Indépendamment de la question de la vérité absolue, la postmodernité souligne à juste titre que les êtres humains sont limités et qu'ils ont donc une compréhension limitée et subjective de la vérité. Comme le dit Carson, la vérité « est nécessairement exprimée en termes chargés culturellement, et acceptée ou connue par des gens finis, culturellement limités[2] ».

Deuxièmement, force est de reconnaître, avec les adeptes de la postmodernité, que la vérité peut devenir un moyen de pression plutôt qu'un moyen d'illumination. C'est là où la doctrine chrétienne du péché – de *notre* péché – nous oblige à préciser notre approche de la vérité. Celle-là n'implique pas nécessairement l'oppression, mais il est vrai que des hommes en ont opprimé d'autres au nom de cette vérité.

Troisièmement, si les critiques postmodernes bousculent les chrétiens (parmi d'autres) quant à des doctrines et des opinions qui sont devenues traditionnelles, nous pouvons être reconnaissants pour l'occasion qu'elles nous offrent de reconsidérer, reformuler et redéfinir des enseignements qui ont pu perdre de leur vitalité dans notre pratique. C'est surtout le cas pour des Églises confessionnelles qui s'évertuent à défendre des dogmes doctrinaux. De nouvelles questions et même des doutes obligent les responsables à réexaminer les textes bibliques à la base de leur enseignement, ce qui peut aboutir à de réels progrès et à certaines réformes utiles.

Quatrièmement, les chrétiens peuvent appuyer les assauts de la postmodernité contre le modernisme. Carson compare le soutien que le chrétien peut apporter aux arguments postmodernes au pacte liant les Alliés occidentaux à la Russie contre l'Allemagne nazie lors de la Seconde Guerre mondiale. Les chrétiens n'approuvent pas plus la postmodernité que les démocraties occidentales n'approuvaient le régime bolchevique, mais ils peuvent néanmoins accepter certains arguments postmodernes contre le rationalisme incroyant, au même titre que les Occidentaux étaient reconnaissants pour tous les tanks russes. Carson écrit :

> Dans la providence divine, la postmodernité s'est révélée capable de bombarder à l'artillerie lourde le modernisme qui, durant quatre siècles, s'est tellement développé qu'il raillait de plus en plus la foi chrétienne. Par une remarquable ironie, le modernisme, qui avait prétendu de façon arrogante que la raison humaine est

l'arbitre suprême de la vérité, a engendré un fils qui l'a assassiné[3].

Compte tenu de ces contributions positives de l'épistémologie postmoderne, reconnaissons ses bienfaits ; ce faisant, nous gagnerons peut-être l'écoute attentive de certains postmodernes qui ne nous prêteraient pas attention autrement.

La crise postmoderne

Ce jugement ne signifie pas que l'épistémologie chrétienne et le scepticisme postmoderne s'affrontent à armes égales. Nous confessons humblement que notre connaissance de la vérité est limitée, que notre contexte influence la manière dont nous la communiquons et la recevons, et qu'il nous faut peut-être repenser certains dogmes traditionnels. Mais contrairement à de nombreux postmodernes, les chrétiens croient que la vérité existe réellement, et qu'elle n'est pas une construction de l'esprit humain.

Les chrétiens évangéliques, plus particulièrement, croient que la vérité est liée à Dieu, qui la révèle. Elle est donc revêtue d'autorité. C'est là que la postmodernité se sépare du christianisme historique, car elle rejette le fait que la vérité est réelle, postulant un relativisme implicite (et explicite dans certains cas) qui n'admet rien de réellement vrai en fin d'analyse. Les enquêtes successives montrent que cet état d'esprit prévaut dans la culture occidentale contemporaine. « Croyez-vous qu'il existe une vérité absolue, ou toute vérité est-elle relative ? » Une majorité évidente, même parmi les chrétiens de nom, défend le dogme postmoderne qui affirme que rien n'est absolument vrai.

De plus, les postmodernes clament haut et fort que même s'il existait une vérité suprême, des hommes et des femmes, finis et imparfaits, ne pourraient jamais la connaître de façon absolument certaine. La junte postmoderne qui domine la culture occidentale fait de ce relativisme son seul absolu : personne n'a le droit de dire qu'il détient la vérité absolue et que les autres sont donc dans l'erreur absolue. On peut parler de « ma vérité » et de « ta vérité », mais l'esprit postmoderne fustige quiconque prétend détenir la vérité de façon dogmatique (à l'exception du seul dogme postmoderne). Dans un de ses poèmes, W. B. Yeats évoque le résultat de cette attitude : « Les choses s'effilochent, le centre n'est plus ferme, seule l'anarchie règne dans le monde. »

Le paradoxe de la position postmoderne est qu'elle ne peut ni croire ni appliquer ses propres déclarations. Aux êtres humains qui ont un besoin criant de savoir et de croire, la postmodernité n'offre aucune certitude, pas même celle de sa propre incrédulité. R. C. Sproul raconte l'histoire de sa rencontre, dans un train, avec une jeune femme qui venait de passer un certain temps dans une communauté du Nouvel Âge. À une dame intéressée dans le compartiment qui lui demandait ce qu'elle avait appris, elle répondit :

– J'ai appris que je suis dieu.

Sproul intervint en posant cette fine question apologétique :

– Vous ne le croyez pas vraiment, n'est-ce pas ?

– Eh bien, non, pas vraiment, répliqua-t-elle.

Voilà où mène le déni total de la vérité par les postmodernes : son opposition à la vérité est elle-même une vérité que les postmodernes ne peuvent croire, si bien que l'épistémologie postmoderne devient un labyrinthe dans lequel ses auteurs se perdent pour toujours.

C'est pourquoi, lorsque certains postmodernes affirment qu'il n'y a pas de vérité absolue et que toute vérité est relative, les chrétiens peuvent leur poser la question que Sproul adressa à la jeune femme : « Vous ne le croyez pas vraiment, n'est-ce pas ? » Nous pouvons facilement démontrer aux postmodernes qu'ils ne vivent pas comme si la vérité était relative. Après tout, les plus fervents déconstructionnistes espèrent que leurs paroles seront comprises. Ils n'écriraient pas de livres s'ils ne croyaient pas à la possibilité de connaître et de comprendre. Si quelqu'un conteste leurs attaques contre la vérité, ils argumentent en avançant leurs propres vérités !

Un professeur d'université mit un jour en évidence l'inconséquence de ses élèves. Toute sa classe s'était opposée à lui en déclarant que rien n'est vrai ou moralement mal, objectivement parlant. Le lendemain, le professeur informa les étudiants qu'en dépit de leurs résultats à l'examen, ils seraient tous recalés. Les étudiants objectèrent à l'unisson : « Ce n'est pas juste ! » Le but poursuivi par le professeur était atteint. Personne ne peut vivre dans le relativisme et personne ne peut donc y croire. Telle est la crise qui secoue l'époque postmoderne en ce qui concerne la vérité : en théorie, notre société rejette la vérité de façon dogmatique mais, en pratique, elle ne peut pas le vivre.

Derrière toute vérité se tient le Dieu de vérité. Yeats l'exprime dans le poème précité. Il évoque le centre qui n'est plus ferme, si bien que « tout s'effiloche ». Dans les lignes précédentes de son poème, Yeats indique les conséquences de ce phénomène : « Décrivant des cercles de plus en plus grands, le faucon ne peut plus entendre le fauconnier. »

Telle est l'étendue de la crise de la postmodernité : nous ne pouvons entendre la voix de Dieu sans la vérité. Comme la jeune femme dans le train, ceux qui sont obligés d'ériger leur propre vérité doivent également fabriquer leurs propres dieux. Sur le chemin du relativisme, la raison engendre l'irrationalité qui, à son tour, livre l'homme aux mains des idoles.

UNE APPROCHE CHRÉTIENNE DE LA VÉRITÉ

Défendre la vérité implique davantage que le simple fait de se protéger contre l'incrédulité. L'épistémologie chrétienne est, elle aussi, une composante vitale de notre ministère visant à faire connaître l'amour de Christ à un monde en crise. En pratique, le chrétien ne peut donc se contenter de désapprouver le déni postmoderne de la vérité. Il doit aussi proposer une doctrine spécifiquement chrétienne de la vérité, fondée sur ce que Dieu a révélé dans la Bible et en accord avec son expérience.

Le christianisme propose une troisième voie légitime, s'opposant à celles des philosophies modernes et postmodernes. Avec les modernes, nous croyons que la vérité existe et qu'elle est accessible, même si nous rejetons fermement l'idée que nous pouvons la connaître de façon exhaustive par notre seule raison. Avec les postmodernes, nous doutons que des êtres finis et faillibles puissent être des détenteurs exclusifs de la vérité, même si nous insistons sur le fait que la vérité est réelle et que nous pouvons la connaître. Une épistémologie chrétienne valable ne satisfait pas seulement la foi chrétienne évangélique mais nous permet également de communiquer notre doctrine de la connaissance à un monde qui, à la fois doute de la vérité et désire ardemment la connaître.

Dieu, la vérité et la réalité

Une épistémologie chrétienne évangélique commence par affirmer que *la vérité correspond à la réalité*. Le monde extérieur dans lequel vit tout individu n'est pas un monde que nous construisons subjectivement par nos expériences limitées. Dieu a créé une réalité et la soutient par un règne providentiel permanent.

Le fondement de cette doctrine chrétienne de la vérité réelle est l'existence de Dieu. Cette présupposition s'oppose au rationaliste moderne et au relativiste postmoderne qui, tous deux, présupposent l'inexistence de Dieu. Ne croyons pas que les partisans du modernisme et de la postmodernité élaborent leurs théories *sans* présuppositions. Ces incroyants modernes et postmodernes partent du principe que Dieu n'existe pas et ils aboutissent à la crise de l'irrationalité. Les chrétiens évitent cette crise, non lors de la conclusion de leur théorie sur la vérité, mais dès le début, en raison, comme le dit Francis Schaeffer, du « Dieu qui est là[4] ». Après avoir exhorté les relativistes postmodernes à reconnaître que leur déni de Dieu les a menés vers une véritable crise, nous pouvons désormais les inviter à considérer le moyen de sortir de cette crise en présupposant l'existence de Dieu.

Les chrétiens ne présupposent évidemment pas seulement l'existence de « Dieu », mais celle du Dieu de la Bible. L'Écriture sainte révèle qu'il n'y a « qu'un Dieu, existant éternellement en trois personnes également divines, le Père, le Fils et le Saint-Esprit, qui s'aiment, se connaissent et se glorifient mutuellement[5] ». Chacune de ces affirmations prend appui sur la foi chrétienne en la vérité. Parce qu'il n'y a qu'un seul Dieu, et non plusieurs, une unité existe dans tout ce que Dieu a fait. Puisque ce Dieu unique existe en trois personnes divines, il existe une communication au sein de la Divinité même. Grâce à la Trinité, la connaissance et la révélation sont intrinsèques à Dieu et à tout ce que Dieu a fait.

« Dieu est amour », écrit l'apôtre Jean (1 Jn 4.8) ; or, la nature de l'amour est de connaître et d'être connu. D'ailleurs, d'après la Bible, Dieu désire que sa gloire soit connue et la volonté de chaque membre de la Trinité est de glorifier les deux autres. Le dessein de Dieu dans la création est de révéler sa gloire. David s'est extasié : « Ta majesté s'élève au-dessus des cieux » (Ps 8.2). Pour Paul, l'essence du péché est de contempler Dieu dans sa création tout en refusant de le glorifier comme Dieu et de lui rendre grâces (Ro 1.21). C'est pourquoi la confession de foi de la *Gospel Coalition* stipule : « Il est le créateur de toutes choses, visibles et invisibles ; il est donc digne de recevoir toute gloire et toute adoration[6]. »

C'est parce qu'ils ont foi dans le Dieu de la Bible que les chrétiens croient que la vérité correspond à la réalité. Le monde n'est pas une simple projection des pensées humaines ; Dieu l'a créé au départ en tant que réalité objective qui se fonde sur son Être éternel. Les choses créées qui « racontent la gloire de Dieu » (Ps 19.2) doivent être réelles pour répondre à ce but.

Au sommet des choses créées figurent les humains que Dieu a faits à son image pour qu'ils puissent le connaître et révéler au reste de la création. Selon l'enseignement biblique, Dieu a créé les êtres humains à son image, ce qui inclut notre capacité de raisonner d'une manière analogue à celle de Dieu ; les humains ne reflètent pas l'image de Dieu à leur insu, mais par la connaissance de Dieu qui est le but de la création et du salut. La promesse de la nouvelle alliance faite par Jérémie inclut cette parole de Dieu : « Car tous me connaîtront, depuis le plus petit jusqu'au plus grand, dit l'Éternel » (Jé 31.34). Jésus lui-même affirme : « La vie éternelle, c'est qu'ils te connaissent, toi, le seul vrai Dieu » (Jn 17.3).

Puisque Dieu tient à être connu dans un monde censé le révéler, les chrétiens croient que la vérité révélée par Dieu est réelle. Dieu a créé un monde réel et il révèle la vérité le concernant dans le monde et par celui-ci. En bref, la vérité fait partie du monde réel que Dieu a créé, un monde qui inclut les humains comme des créatures particulièrement aptes à recevoir la vérité de manière à connaître Dieu.

L'enseignement de la Bible contient cependant plus que la création et le salut. Elle enseigne que les hommes sont tombés dans le péché qui a corrompu leur nature et la société. Le péché les empêche donc de recevoir la vérité. La postmodernité souligne prudemment que, même si la vérité réelle existe, les hommes pourraient ne pas être capables de la connaître *vraiment*.

Deux raisons expliquent cette limitation. Tout d'abord, indépendamment du péché, les hommes sont des êtres finis qui ne peuvent appréhender la vérité que de façon partielle ; leur connaissance est donc subjective, sélective et incomplète. Ensuite, les êtres humains sont pécheurs. En ajoutant à leur finitude la réalité du péché, force est de constater que les hommes ne sont plus du tout en mesure de connaître vraiment la vérité. Révoltés contre Dieu, les hommes pécheurs « retiennent injustement la vérité captive » (Ro 1.18). Paul va jusqu'à affirmer que dans sa nature pécheresse, l'homme « n'accepte pas les choses de l'Esprit de Dieu, car elles sont une folie pour lui, et il ne peut les connaître » (1 Co 2.14). Dans ce cas, comment les chrétiens peuvent-ils parler de la connaissance de la vérité maintenant que les hommes sont tombés dans cette condition épouvantable ?

La réponse au problème du péché est la bonne nouvelle que Jésus nous en délivre. Jésus déclare à Pilate : « Je suis né et je suis venu dans le monde pour rendre témoignage à la vérité » (Jn 18.37). Il se présente lui-même comme « la lumière du monde » (Jn 8.12) parce qu'il arrache les pécheurs aux ténèbres de l'ignorance et de l'incrédulité. Jésus n'est pas seulement venu pour révéler la gloire de Dieu dans son incarnation (voir Jn 1.14 ; 14.9), il a également envoyé le Saint-Esprit pour animer l'esprit des pécheurs, hommes et femmes, afin de les rendre capables de connaître la vérité et d'y croire. Dans le même passage, Paul affirme que, dans leur état naturel de pécheurs, les hommes ne peuvent pas connaître la vérité, et il révèle que le Saint-Esprit de Dieu résout le problème en donnant la vie nouvelle à des pécheurs indignes : « Or nous, nous n'avons pas reçu l'esprit du monde », explique l'apôtre, « mais l'Esprit qui vient de Dieu, afin que nous connaissions les choses que Dieu nous a données par sa grâce » (1 Co 2.12).

Au sujet de la création, de la chute et du salut, la doctrine chrétienne de la vérité procède de la réalité de Dieu. Il a créé le monde pour manifester sa gloire, il a créé les hommes pour qu'ils le connaissent et reflètent sa gloire. Le péché consiste à rejeter la vérité révélée concernant Dieu et, par conséquent, à pervertir la manière dont les hommes la reçoivent. Le salut s'opère par la révélation divine de la vérité sur Jésus (voir 1 Pi 1.23) puis consiste à rendre progressivement les hommes capables de connaître cette vérité et de l'accepter.

Il n'en reste pas moins vrai, ainsi que le déclare Herman Bavinck, qu'il est « impossible pour Dieu de se révéler pleinement à ses créatures et en elles, car ce qui est fini ne peut saisir l'infini[7] ». Les chrétiens admettent donc sans peine les limites de leur finitude, outre le combat incessant contre le péché qui empêche toute personne de connaître la vérité parfaitement ou complètement. Malgré cela, et parce que Dieu est créateur et révélateur, ils soutiennent que la vérité existe. Ils affirment qu'elle correspond à Dieu et à sa réalité manifestée et que nous pouvons la connaître parce que Dieu s'est révélé à nous dans sa création.

Quelle réponse le chrétien oppose-t-il à l'incroyant postmoderne qui nie l'existence de Dieu et, du même coup, celle de la vérité ? Francis Schaeffer apporte une réponse tirée d'une conversation qu'il a eue avec un petit groupe d'universitaires. L'un d'eux avait affirmé de façon véhémente que la vérité n'existait pas. Schaeffer a tenu à montrer à cet étudiant que même s'il *déclarait* qu'il n'y a pas de vérité, il ne pouvait pas *vivre* comme si son affirmation était vraie.

Sans vérité réelle, il n'y a pas de morale réelle. « Est-ce que je me trompe, demanda Schaeffer, en affirmant que, selon vos conceptions, la cruauté et son contraire sont en fin de compte équivalents et ne diffèrent pas de façon intrinsèque ? » L'homme répondit que Schaeffer avait raison. Entendant cela, un autre étudiant prit une bouilloire remplie d'eau bouillante destinée à faire le thé et la plaça au-dessus de la tête de l'incroyant. Quand ce dernier demanda des explications à ce geste, l'étudiant répliqua que, puisqu'il ne voyait aucune différence entre la cruauté et son contraire, il ne devait pas avoir d'objection à ce qu'on l'ébouillante.

L'homme qui niait la vérité sortit précipitamment de la pièce, prouvant ainsi le bien-fondé du raisonnement de Schaeffer : celui qui nie Dieu et ne dispose alors d'aucun fondement pour la vérité ne peut vivre en accord avec sa doctrine. « Dieu nous enferme dans la réalité, explique Schaeffer. Nous ne pouvons échapper à la réalité de ce qui est, quoi que nous prétendions croire ou penser[8]. »

Dieu, la vérité et l'Écriture

Puisque les chrétiens affirment que la vérité se fonde sur la révélation de Dieu, il s'ensuit que *la Bible, la révélation divine écrite, communique la vérité*. Si Dieu se révèle de façon générale dans la création, il se révèle de façon particulière dans la Bible.

D'après la Bible, Dieu a « parlé à nos pères par les prophètes » (Hé 1.1). Cette affirmation résume ce que les chrétiens pensent des Saintes Écritures. Dans ces textes, Dieu communique avec les humains au moyen de déclarations. Dieu « a parlé » par ses porte-parole humains. Il a fait connaître la vérité concernant sa nature et sa volonté, les récits de la rédemption et la signification de ces événements historiques, ainsi que d'autres vérités à propos de la création, de la chute et du salut des hommes. De même que ce que j'écris dans ce paragraphe expose la vérité sous forme de propositions, la révélation écrite de la Parole de Dieu énonce, explique et applique la vérité de Dieu.

La Bible affirme avoir Dieu pour auteur suprême, le Saint-Esprit s'étant servi d'écrivains humains par le moyen de ce qu'on appelle l'*inspiration*. L'inspiration ne signifie pas que les écrivains humains étaient « inspirés » au sens où on l'entend généralement. Le Saint-Esprit supervisait les écrits des auteurs humains, si bien que ce qu'ils écrivaient venait finalement de Dieu lui-même. Pierre explique : « Ce n'est pas par une volonté d'homme qu'une prophétie a jamais été apportée, mais c'est poussés par le Saint-Esprit que des hommes ont parlé de la part de Dieu » (2 Pi 1.21), ce que Paul confirme : « Toute l'Écriture est inspirée de Dieu » (2 Ti 3.16), en accord avec la déclaration de Dieu lui-même : « […] ma parole […] sort de ma bouche » (És 55.11). Conformément à cet enseignement, la Bible tout entière se présente comme la Parole de Dieu et non comme les idées des hommes.

Les chrétiens insistent sur la vérité de la Parole de Dieu parce que Dieu lui-même est véridique. Dans l'Écriture, ce Dieu infiniment parfait se révèle sans la moindre erreur et avec une autorité divine. Les chrétiens défendent la véracité de la Parole de Dieu non parce qu'ils seraient capables de répondre à toutes les objections la concernant (même s'il existe de solides explications à presque toutes les objections), mais en s'appuyant sur la nature parfaite du Dieu qui se révèle dans l'Écriture. Puisque le Dieu parfait se fait connaître dans l'Écriture, nous pouvons considérer la Bible comme étant vraie et n'avons nul besoin de mettre de côté des portions de la Bible jugées trop difficiles ou auxquelles on pourrait trouver à redire.

En tant que Parole révélée et véridique, la Bible parle avec toute l'autorité de Dieu. Calvin déclare : « Nous devons la même révérence à l'Écriture qu'à Dieu, car elle procède de lui seul[9] ». C'est avec cette pensée que les chrétiens approuvent les paroles prononcées par le Modérateur de l'Église d'Écosse, lorsqu'il présente la Bible au roi, au cours de la célébration du couronnement : « La chose la plus précieuse que ce monde offre, la plus précieuse chose qu'il connaît, la Parole vivante de Dieu. »

En tant que révélation spéciale de Dieu contenant des déclarations propositionnelles, la Bible convient tout particulièrement à la révélation de vérités *doctrinales* concernant Dieu et l'homme. À titre d'exemple, la divinité de Jésus-Christ est une vérité doctrinale que la Bible affirme clairement (par ex. Tit 2.13). L'Écriture révèle que d'autres doctrines, comme celle de la Trinité, sont une répercussion nécessaire de ses déclarations à propos de Dieu. Par les déclarations explicites de la Bible et les déductions nécessaires qu'ils en tirent, les croyants peuvent connaître la vérité à propos de Dieu, des hommes, du péché, du salut et de tous les autres sujets indispensables à la foi et à la piété (2 Pi 1.3).

N'en déduisons pas que la Bible contient seulement des déclarations propositionnelles concernant la vérité, ou que le message de Dieu aux hommes se limite à des vérités présentées sous forme de propositions. La Bible présente la Parole divine révélée sous une grande variété de genres littéraires : récits historiques, métaphores, apocalypse, oracles prophétiques, épîtres et poésie pour ne citer que les plus évidents. Tous ces genres ne peuvent se réduire à de simples propositions ; il en est de même de la présentation biblique du caractère et de la volonté de Dieu.

La vérité communiquée par l'Écriture sainte va au-delà de ce que de simples énonciations peuvent exprimer, ce qui se comprend aisément quand nous savons que son auteur est le Dieu infini. Il n'empêche que la Bible expose vraiment la vérité vitale sous forme d'énoncés et que les affirmations doctrinales que nous en tirons doivent faire connaître ces vérités de façon exacte, même si elles ne peuvent les révéler de façon exhaustive. L'apôtre Paul appuie explicitement la doctrine chrétienne et exhorte Timothée par ces paroles : « Retiens dans la foi et dans l'amour qui est en Jésus-Christ le modèle des saines paroles que tu as reçues de moi » (2 Ti 1.13).

Si l'Écriture sainte révèle la vérité divine sous une grande variété de formes, en particulier par de nombreuses propositions, la découverte de la vérité révélée par l'Écriture est loin d'être un exercice intellectuel aride. Le Saint-Esprit a donné naissance à la Bible en se servant d'écrivains humains et il illumine les individus pour les rendre capables de comprendre et de croire la Bible. C'est pourquoi Pierre compare la lecture de l'Écriture à son expérience personnelle de contemplation de Jésus dans sa gloire : « Et nous tenons pour d'autant plus certaine la parole prophétique, à laquelle vous faites bien de prêter attention, comme à une lampe qui brille dans un lieu obscur, jusqu'à ce que le jour vienne à paraître et que l'étoile du matin se lève dans vos cœurs » (2 Pi 1.19). Pierre exprime bien la foi chrétienne, non seulement dans la valeur de l'Écriture comme source de vérité, mais également dans la valeur spirituelle de cette vérité déduite de la Parole divine écrite.

Sans l'action du Saint-Esprit, les hommes ne sont pas seulement incapables de connaître Dieu, ils sont aussi incapables de se connaître eux-mêmes. À l'intimidation du monde environnant s'ajoute la confusion opérée par l'influence corruptrice du péché en nous, au point que K. Scott Oliphint déclare : « À moins d'avoir une parole procédant de Dieu, *la* Parole *de* Dieu, nous ne pouvons donner du sens au monde qui nous entoure ou à celui qui est en nous, sans parler de la vérité, ô combien plus importante, de savoir comment plaire à Dieu[10]. » Seule la Bible peut nous aider à trouver un sens à notre existence et au monde créé par Dieu.

La vérité et la vie de Dieu

La vérité existe parce que Dieu existe, et la révélation divine dans la Bible nous fait connaître cette vérité. En outre, la vérité ne correspond pas à Dieu et à la réalité en théorie seulement, mais dans une relation d'alliance qui est à la fois connue et vécue.

Conclure une alliance fait toujours partie des prérogatives du Seigneur. Par son alliance, Dieu affirme sa seigneurie sur sa création et en particulier sur les hommes. Une alliance concerne toujours au moins deux parties. Pour sa part, Dieu se lie pour toujours à sa création. On trouve une célèbre expression de cet engagement dans l'alliance que Dieu fait avec Noé après le retrait des eaux du déluge. Dieu promet : « J'établis mon alliance avec vous : aucune chair ne sera plus exterminée par les eaux du déluge, et il n'y aura plus de déluge pour détruire la terre » (Ge 9.11). De plus, l'alliance engage Dieu vis-à-vis des êtres humains, non d'égal à égal, mais en tant que souverain et Seigneur : « Je serai votre Dieu, et vous serez mon peuple » (Jé 7.23).

De même, l'alliance avec Dieu engage les hommes vis-à-vis de la création dans son ensemble. Cette solidarité entre l'homme et la création se voit dans l'emploi que Dieu fait de la poussière pour former Adam, le premier homme. « Nous sommes ainsi liés à la création, parce que nous sommes issus d'elle, nous faisons littéralement partie d'elle[11]. » Mais tout en étant uni à la création, l'homme s'en distingue par sa relation particulière avec Dieu : « L'Éternel Dieu forma l'homme de la poussière de la terre, il souffla dans ses narines un souffle de vie et l'homme devint une âme vivante » (Ge 2.7).

Dieu installa ensuite l'homme et la femme comme vice-gérants de la création, leur commandant de l'administrer et de la dominer, de la rendre féconde et de se multiplier (Ge 1.28). Dieu a donc créé les hommes avec des devoirs particuliers envers la création et envers lui-même. Oliphint fait ce commentaire : « Un lien inextricable nous unit au monde, un lien établi par Dieu et destiné à refléter sa nature. En conséquence, nous sommes des êtres créés pour connaître notre monde et interagir avec lui, en vue de la gloire du Dieu trinitaire, notre Créateur[12]. »

À cause de l'alliance qui nous lie à la création, notre connaissance de la vérité s'accompagne d'obligations envers Dieu et envers les autres dans le monde qui nous entoure. Recevoir la vérité de Dieu implique donc de vivre selon cette vérité. Comme Moïse l'expliqua à Israël en son temps : « Les choses cachées sont à l'Éternel, notre Dieu ; les choses révélées sont à nous et à nos enfants, à perpétuité, afin que nous mettions en pratique toutes les paroles de cette loi » (De 29.29).

Il n'est donc pas étonnant qu'en envoyant son Fils dans le monde, Dieu l'ait révélé comme la vérité incarnée. « En elle [la Parole] était la vie, et la vie était la lumière des hommes », écrit Jean (Jn 1.4). « Je suis le chemin, la vérité, et la vie », déclare Jésus (Jn 14.6). Le Fils de Dieu est venu pour incarner la vérité de Dieu, pour la vivre par sa vie d'obéissance et pour accomplir, par sa mort en sacrifice et sa résurrection rédemptrice, la vérité du salut.

« La vérité est donc la correspondance entre notre vie tout entière et le cœur, les paroles et les actions de Dieu, par la médiation de la Parole et de l'Esprit[13]. » Pour les chrétiens, la Bible révèle donc d'importantes vérités doctrinales au moyen d'assertions. Mais par le récit que la Bible fait de la vérité de Jésus et de sa vie, les chrétiens parviennent aussi à connaître celui qui est la vérité, à l'aimer et à obéir à sa vérité. Comme me le rappellent les paroles d'un ami sur la page de garde de la Bible qu'il m'a offerte, les chrétiens doivent « connaître la vérité, vivre la vérité et dire la vérité », sachant par-dessus tout que « Jésus est la vérité », comme chemin menant à Dieu qui offre la vie et comme celui qui donne la vraie vie à tous ceux qui reçoivent la parole de l'Évangile par la foi.

LA VÉRITÉ CHRÉTIENNE EN PRATIQUE

Comme je l'ai déjà affirmé, les chrétiens doivent prendre position pour la vérité dans un monde enclin à la nier. Ils doivent défendre la vérité – et la connaissance de la vérité – dans l'intérêt de Dieu, dans leur propre intérêt et dans celui du monde incroyant. En déclarant que la vérité est réelle, nous affirmons l'existence de Dieu qui peut seul fonder la réalité, la vérité et la connaissance.

L'humble proclamation de l'Écriture

La meilleure façon de défendre la vérité est d'avoir une Bible en main car, ainsi que David l'a déclaré : « La loi de l'Éternel est parfaite, elle restaure l'âme ; le témoignage de l'Éternel est véritable, il rend sage l'ignorant » (Ps 19.8). Mais lorsque nous annonçons le message biblique, ne le faisons pas comme si nous étions les médiateurs de la vérité. Même si nous présentons Jésus-Christ comme la révélation finale et suprême de Dieu, faisons-le en tant que serviteurs de nos auditeurs (voir 2 Co 4.5). À l'écoute des critiques de nos voisins postmodernes et en reconnaissant que l'orgueil de la postmodernité a parfois influencé notre propre héritage, nous devrions dire la vérité dans une attitude d'humble repentance, et non en faisant preuve de triomphalisme comme cela a parfois été le cas jadis. Nous sommes des êtres finis et déchus, si bien que le message que nous proclamons doit constamment être confronté à la Bible.

Cependant, en dépit de toute l'humilité et de toute la charité dont les chrétiens peuvent se revêtir lorsqu'ils critiquent les déclarations des autres, ils doivent souligner le fait que ce qu'ils proclament de la Parole de Dieu est la vérité. Nous rejetons l'idée que notre doctrine n'est rien d'autre que l'expérience subjective de notre propre communauté de foi car la Bible que nous proclamons expose la vérité révélée par Dieu. Ainsi préservés, nous restons soumis à l'autorité, à la puissance et à la révélation uniques des Saintes Écritures par lesquelles Dieu s'adresse à l'humanité aujourd'hui.

Une passion pour la vérité et la vie

De même qu'ils doivent s'efforcer de trouver un équilibre entre la proclamation hardie et la présentation humble de la vérité, les chrétiens doivent également trouver un juste équilibre entre une saine connaissance de la doctrine biblique et un désir ardent et personnel de mener une vie abandonnée à Jésus-Christ. Nous croyons que « tout en étant propositionnelle, la vérité n'est pas seulement quelque chose qu'il faut croire, mais qu'elle doit également être reçue dans l'adoration et pratiquée avec sagesse[14]. » La vérité chrétienne ne se limite jamais à un simple transfert d'information ; elle vise aussi une relation personnelle de foi et d'amour. C'est pourquoi, dans notre prédication et notre formation de disciples, nous défendons avec zèle la saine doctrine avec un ardent désir de voir des vies se transformer. Dans ce but, l'ensemble du peuple de Dieu doit communiquer sainement la vérité chrétienne. La pratique de la prière, des sacrements, de la communion fraternelle, du ministère et du témoignage indique comment nous recevons la vérité de la Parole de Dieu et comment nous réagissons.

Il ne s'agit pas, pour les chrétiens, de s'évertuer à mettre en accord la vérité avec leur façon pieuse de vivre ; ils doivent plutôt démontrer que la révélation de la vérité s'accompagne toujours d'un processus transformateur, qui mène à l'amour et à la sainteté. Ce que Dieu a ainsi uni, nous ne devons pas le séparer ! L'amour séparé de la vérité n'est pas l'amour, et la vérité séparée de l'amour n'est pas la vérité. Aussi Paul déclare-t-il à propos de son enseignement : « Le but de cette recommandation, c'est un amour venant d'un cœur pur, d'une bonne conscience, et d'une foi sincère » (1 Ti 1.5). La vérité chrétienne ne se limite pas à des attitudes extérieures, « car, en Jésus-Christ, ni la circoncision ni l'incirconcision n'ont de valeur, mais seulement la foi qui est agissante par l'amour » (Ga 5.6).

Par son fervent attachement à la vérité de l'Évangile *et* par la démonstration de son amour chrétien *et* de sa vie de sainteté, Judy Telchin parvint à gagner à la foi chrétienne ses parents de religion juive traditionnelle. À l'université, une amie lui avait remis une Bible, l'avait aidée à l'étudier et Judy crut en Jésus-Christ. Elle savait que sa famille juive s'opposerait farouchement à sa conversion mais elle déclara courageusement la vérité. Elle dit à Stan, son père : « Je crois que la Bible est la Parole de Dieu, et je crois que Jésus est le Messie ». Au début, Stan se sentit profondément trahi. Il aurait, de loin, préféré que sa fille soit enceinte ou exclue de l'école plutôt que de la voir devenir chrétienne.

Judy persista à défendre la vérité biblique avec humilité et conviction et elle la confirma au travers d'une vie transformée par l'amour et la sainteté. Elle donna un Nouveau Testament à ses parents en leur disant : « Lisez-le pour vous rendre compte par vous-mêmes de la vérité qu'il contient. » Adouci par l'exemple d'amour de Judy, Stan releva le défi, décidé à prouver à sa fille que sa foi était fausse. En fait, il arriva peu à peu à la même conviction que sa fille, grâce à la révélation divine de la vérité par les Saintes Écritures. Prenant un jour son courage à deux mains, il dit à sa femme qu'il croyait vraiment que Jésus est le Sauveur ; elle reconnut que sa propre étude de la Parole de Dieu l'avait amenée à la même conviction[15].

Pour témoigner efficacement, même avec une opposition aussi forte que celle de sa famille, Judy n'avait pas à étouffer son témoignage concernant la vérité de l'Évangile. Elle devait associer son témoignage à une humilité, un amour et une piété authentiques pour sensibiliser ceux qui prenaient soin d'elle. Tous les chrétiens devraient prier et agir dans ce sens : associer vérité et amour, par la puissance de l'Esprit Saint, pour que leur témoignage rendu à la Bible soit fondé « sur une démonstration d'Esprit et de puissance », pour reprendre les paroles de Paul (1 Co 2.4).

Le caractère spirituel de la vérité

Puisque les Saintes Écritures communiquent la vérité de Dieu, la connaissance de la vérité est toujours du domaine spirituel. En défendant et en proclamant la vérité, « nous ne nous prêchons pas nous-mêmes » (2 Co 4.5). Nous ne sommes pas supérieurs aux autres, et nous n'avons pas à nous obstiner à contrer ceux qui s'opposent à notre tradition. Soyons reconnaissants envers Dieu de s'être révélé à nous par amour. Notre connaissance de Dieu demeure partielle, même si elle est exacte, mais par le témoignage de l'Esprit, nous savons avec certitude que nous avons reçu la vérité rédemptrice. Grâce au rôle de l'Esprit dans la révélation de la vérité divine à notre cœur, nous avons « la certitude des enseignements que [nous avons] reçus » (Lu 1.4). La vérité de l'Évangile concernant la connaissance de Dieu ne nous a pas été prêchée « en paroles seulement, mais avec puissance, avec l'Esprit Saint et avec une pleine persuasion » (1 Th 1.5).

Cette réflexion sur le caractère spirituel de la vérité – une vérité finalement communiquée à notre esprit par le ministère du Saint-Esprit et au moyen de la Parole qu'il a inspirée – répond à la question « comment réagir à la conversation figurant au début de ce chapitre ». James Boice a répondu aux objections de sa voisine, dans l'avion, en insistant sur le fait que « ce qui compte en définitive, c'est ce qui est vrai ». À la lumière de l'hégémonie relativiste de notre temps, les non-chrétiens sont peu disposés à accepter la vérité comme un fondement commun. Dans ces conditions, comment les chrétiens peuvent-ils proclamer la vérité à un monde qui ne croit même plus qu'elle existe ?

La meilleure réaction face au défi de notre temps n'est certainement pas de mettre le témoignage biblique sous le boisseau pour nous lancer dans des théories épistémologiques et herméneutiques compliquées. Les chrétiens feront mieux d'adopter l'humble approche suivante :

> Dieu a pourvu à notre besoin de vérité en envoyant son Esprit pour nous donner ce livre, la Bible. Dans ses pages, Dieu présente la vérité sous les traits d'une personne, Jésus-Christ, son propre Fils. Jésus promet que son Esprit accordera la compréhension à quiconque cherchera sincèrement la vérité de la Parole de Dieu. Puis-je vous donner une Bible que vous pourrez conserver ? Voici ma carte de visite avec mon

numéro de téléphone. Je serais très heureux de garder contact avec vous – de répondre aux questions que vous vous posez et aux objections que vous pourriez formuler – mais je crois sincèrement que vous pouvez trouver la vérité si vous la cherchez véritablement. Je demanderai à Dieu de vous accorder son Esprit pour vous conduire dans la vérité.

Nos amis et voisins postmodernes accepteront-ils ce genre de témoignage concernant la vérité ? D'après la Bible, ils peuvent l'accepter ou le refuser, selon la manière dont Dieu se plaît à utiliser notre témoignage. Les chrétiens ont cependant l'assurance que de nombreuses personnes, même les plus improbables, accepteront un témoignage courageux et humble rendu à la vérité de la Parole de Dieu. Comment le savons-nous ? Simplement parce que Jésus a dit vrai lorsqu'il a promis d'envoyer « l'Esprit de vérité, qui vient du Père » et que, par notre témoignage de vérité et d'amour inspiré par l'Écriture, « [Jésus] rendra témoignage de [lui] » (Jn 15.26).

Parce que Jésus est « le chemin, la vérité et la vie » (Jn 14.6), nous sommes appelés à connaître la vérité par sa Parole, à vivre selon la vérité dans la sainteté et l'amour et à dire la vérité par un témoignage conduit par l'Esprit et rendu à sa Parole. Un tel témoignage aura-t-il un impact sur notre monde actuel ? Jésus répond par l'affirmative. Il nous donne une grande assurance dans le pouvoir de sa vérité lorsqu'elle est élevée, tout comme lui-même fut autrefois élevé sur la croix. Il déclare en vérité : « Et moi, quand j'aurai été élevé de la terre, j'attirerai tous les hommes à moi » (Jn 12.32).

NOTES

1. D. A. Carson, *The Gagging of God: Christianity Confronts Pluralism*, Grand Rapids, MI, Zondervan, 1196, p. 96-102.
2. Ibid., p. 99.
3. Ibid., p. 100.
4. Francis A. Schaeffer, *Dieu : Illusion ou réalité ?*, Éditions Kerygma, 1989, p. 87, 88.
5. *The Gospel Coalition*, Confession de foi. Disponible sur www. thegospelcoalition.org (rubrique *About Us*).
6. Ibid.
7. Herman Bavinck, *The Doctrine of God*, traduction anglaise de William Hendriksen, Édimbourg, Banner of Truth, 1977, p. 41.
8. Francis A. Schaeffer, op. cit
9. Jean Calvin, cité par Packer dans « Calvin the Theologian », *John Calvin: A Collection of Essays*, édité par G. E. Duffield, Grand Rapids, MI, Eerdmans, 1966, p. 162.
10. K. Scott Oliphint, « *Non Sola Ratione*: Three Presbyterians and the Postmodern Mind », dans *The Praxtical Calvinist: Essays in Honor of Claire Davis*, édité par Peter A. Lillback, Fearn, Écosse, Mentor, 2002, p. 382.
11. K. Scott Oliphint, « The Old-New Reformed Epistemology », dans *Revelation and Reason: New Essays in Reformed Apologetics,* édité par K. Scott Oliphint et Lane G. Tipton, Philipsburg, NJ, P&R, 2007, p. 210.
12. Ibid., p. 211.
13. *L'Évangile notre fondement, BGC vol 1.* La Vision théologique du ministère, Éditions Clé, Lyon, 2012.
14. Ibid.
15. Stan Telchin, *Betrayed!*, Grand Rapids, MI, Chosen Books, 1981, p. 11, 22.

BRYAN CHAPELL

est professeur de théologie pratique et président du Covenant Theological Seminary à St. Louis, où il a exercé différentes fonctions depuis 1984. Il est aussi l'auteur de plusieurs livres dont *Prêcher. L'art et la manière.*

Qu'est-ce que l'Évangile ?

BRYAN CHAPELL

« *Jésus-Christ est venu dans le monde pour sauver les pécheurs.* »
– 1 Timothée 1.15

L'arrestation de mon frère était prévisible depuis des années. Durant son enfance, pour décrire ses capacités mentales, mes parents disaient avec tact : « Il aura plus de difficultés à apprendre que les autres ». Son intelligence resta certes limitée, mais David se développa physiquement et devint de plus en plus têtu tandis que nos parents prenaient de l'âge. Les tensions que généraient les discussions avec lui, ainsi que leurs propres difficultés relationnelles, les conduisirent à se séparer et leurs rapports devinrent encore plus tendus. Adulte, David devint l'objet de constantes préoccupations en raison de son grand désir d'indépendance et de son handicap mental. Désireux de nouer des amitiés et de connaître des émotions fortes, il cultiva des relations qui laissaient présager de graves ennuis. Et ce qui devait arriver arriva.

Son arrestation et son incarcération dépassaient largement sa capacité de comprendre et de gérer la situation. Dans sa cellule, il éprouvait la peur intense d'un homme possédant les facultés mentales d'un petit enfant. Il restait blotti dans un coin et tremblait. Un de ses compagnons de cellule fut ému de la crainte manifeste de mon frère. En dépit de ses propres difficultés, il fit connaître à David le message de la miséricorde divine : « Jésus peut t'aider. Fais-lui confiance ».

Les vérités que David avait entendues à l'école du dimanche et les leçons enseignées à son groupe d'enfants handicapés lui revinrent à l'esprit. Il demanda à Dieu de lui pardonner et plaça sa confiance en Jésus comme Sauveur personnel.

David passera beaucoup de temps en prison. Toutefois, il sera pour toujours avec Jésus, bénéficiant de son pardon, de sa restauration, de son amour et d'une transformation divine. Voilà ce qu'est l'Évangile, pour mon frère et pour tous ceux qui se confient en Jésus-Christ.

Le mot « Évangile » signifie tout simplement « bonne nouvelle ». Dans la Bible, ce terme est utilisé pour rappeler que Dieu a accompli sa promesse d'envoyer un Sauveur, dans le but de racheter ceux qui ont le cœur brisé, de rétablir la gloire de la création et de dominer sur tous avec compassion et justice. Aussi pouvons-nous résumer l'Évangile par la déclaration suivante : « C'est une parole certaine et entièrement digne d'être reçue, que Jésus-Christ est venu dans le monde pour sauver les pécheurs » (1 Ti 1.15).

La rédemption et la restauration opérées par Dieu, ainsi que son règne, s'appliquent non seulement à notre condition spirituelle mais aussi à d'autres réalités. Par l'intermédiaire de Jésus-Christ, notre Dieu délivre son peuple des conséquences éternelles du péché humain, qui a tout souillé. Le salut est pour nous mais il s'étend aussi bien au-delà de ce que nous sommes.

Avant de sonder plus avant ces vérités étonnantes, sachons que la Bible ne les annonce pas simplement pour nous éblouir. Dieu les révèle afin que des pécheurs tels que David, vous et moi soient à jamais délivrés de la culpabilité et de la puissance du péché, en acceptant la bonne nouvelle que Jésus est le Seigneur venu pour nous sauver. Abordons maintenant quelques aspects fondamentaux de cette bonne nouvelle.

QUAND DIEU ORDONNE, IL DONNE[1]

Nous n'apprécions probablement pas l'idée que quelqu'un puisse nous qualifier de « pécheur », surtout si nous réservons ce terme aux pires assassins ou aux pédophiles. Pourtant, la Bible affirme que Dieu est absolument saint et que tous, nous sommes « pécheurs », puisqu'aucun de nous n'atteint sa perfection. Ce terme indique simplement notre incapacité à atteindre les standards de Dieu. Peu importe notre degré de péché, nous différons de toute façon de ce que Dieu avait prévu à notre intention (Ro 3.23 ; Ja 2.10). Il nous a créés dans le but de refléter sa nature sainte (1 Pi 1.16). Nos transgressions ne sont donc pas seulement à l'origine d'un préjudice personnel ; elles détériorent aussi notre relation avec Dieu (Ép 4.30).

L'image de Dieu

Les problèmes relationnels de l'humanité avec Dieu ont commencé dès que le péché de nos premiers parents a corrompu la nature humaine (Ro 5.12). Depuis Adam et Ève, tout être humain sait ce que signifie décevoir un être aimé, blesser autrui et renoncer à ses propres ambitions. Nous connaissons tous la honte et le remords. En fait, ces sentiments reflètent une réalité spirituelle dont nous n'avons peut-être pas conscience : nous avons été créés pour ressembler à Dieu mais nous nous sentons coupables car nous sommes incapables de vivre conformément à cette vocation (Ro 3.10).

Nous avons été créés à l'image de Dieu (Ge 1.26-27). Dieu a souhaité que nous lui ressemblions afin de pouvoir l'aimer et aimer les autres, créés à son image. Lorsque nous péchons, nous allons à l'encontre de notre nature originelle, si bien que quelque chose grince au plus profond de notre être. La culpabilité ressentie fait écho à la souffrance apparaissant dans notre cœur, chaque fois que le péché nous éloigne de la relation que nous étions censés cultiver avec notre Dieu.

Dieu exige que nous soyons saints pour être en communion avec lui, mais notre nature et nos actes nous tiennent éloignés de ce but. Comment restaurer cette situation ? Nous en sommes incapables. Nous sommes des créatures imparfaites et nous ne pouvons nous rendre saints, comme une main sale ne peut nettoyer une chemise blanche.

Seul Dieu est en mesure de rétablir notre relation avec lui, et il le fait en nous procurant la sainteté qu'il exige. C'est Dieu qui prend l'initiative (1 Jn 4.19). Grâce à Jésus, Dieu nous sauve des conséquences de notre péché. Il nous donne ce que nous ne pouvons acquérir. Aussi parlons-nous de ce qu'il nous procure comme de « l'Évangile de la grâce ». Le mot « grâce » est synonyme de « don », ce qui est accordé à ceux qui ne peuvent se procurer ce dont ils ont besoin, comme une chemise blanche que l'on donnerait à ceux qui ont sali la leur.

La sainteté de Dieu

Le nom « Jésus-Christ » est très éloquent quant à la manière dont il nous rend saints. « Jésus » signifie « sauveur » ou « libérateur » ; sa mission était de nous délivrer (ou de nous sauver) des conséquences de notre péché. « Christ », le nom qui lui est joint, est plus une description du but poursuivi par Jésus qu'un nom propre. C'est un titre qui signifie « celui qui est oint ». Dieu le Père a oint son Fils Jésus et l'a chargé d'un message particulier : apporter sa sainteté à l'humanité. Des siècles durant, Dieu avait promis, par l'intermédiaire de ses prophètes, qu'il enverrait son messager afin de racheter son peuple (Ac 3.18-20). Pourtant, la plupart des gens furent surpris en découvrant que l'Oint n'était autre que le propre Fils de Dieu.

En venant sur la terre, Jésus a révélé l'image de Dieu de manière parfaite. Bien que divin, Jésus s'est revêtu de la condition humaine (Ga 4.4-5 ; Ph 2.6-11). Il est devenu Dieu incarné (le verbe « incarner » signifie « devenir chair »). Jésus était semblable à nous en tous points sauf un : il était sans péché (Hé 4.15). Jésus n'a jamais rien fait de mal ; en outre, sa conception miraculeuse par le Saint-Esprit dans le sein de la vierge Marie l'a protégé de la moindre corruption naturelle, ce qui bien évidemment n'est pas le cas des autres humains (Mt 1.20-23). La sainteté de Christ nous enseigne deux choses. Tout d'abord, elle nous montre comment vivre pour Dieu. Une vie ressemblant à celle de Jésus sera remplie d'amour et totalement dénuée d'égoïsme (1 Jn 3.16). Jésus nous apprend à vivre pleinement, à être conformes à l'intention de Dieu, c'est-à-dire pleinement humains mais en parfaite communion avec lui. Cependant, que faire si cette communion et ce genre de conduite nous font défaut ? Nous pouvons alors compter sur la deuxième œuvre de la sainteté de Christ qui ne se contente pas de nous montrer comment vivre *pour* Dieu mais nous rend réellement capables de vivre *avec* Dieu en satisfaisant à ses critères.

La justice de Dieu

Grâce à sa sainteté, Jésus était le sacrifice parfait pour payer le prix de notre péché. Cette affirmation peut paraître étrange à des lecteurs contemporains, mais c'est pourtant le message que la Bible nous livre de la première à la dernière page. Notre péché ne fait pas que mécontenter Dieu : le péché de l'humanité a entraîné une énorme souffrance. Dieu ne ferme pas les yeux sur nos explosions de colère, les abus que nous commettons, notre indifférence à l'égard de ceux qui souffrent, les injustices que nous tolérons. Un Dieu saint ne peut pas fermer les yeux ou se boucher les oreilles devant de tels péchés. Les victimes réclament justice et la compassion divine répond aux exigences de cette justice par le sacrifice de Jésus-Christ.

Puisque le Fils de Dieu était sans péché, sa volonté de souffrir sur la croix pour subir le châtiment qui nous était destiné est si impressionnante qu'elle dépasse toute récompense que l'humanité pourrait lui décerner. La justice de Christ contrebalance à ce point notre injustice que son sacrifice est largement suffisant pour racheter le péché du monde entier et de tous les temps (Ro 5.15-19 ; Hé 9.26-28 ; 1 Pi 3.18 ; 1 Jn 2.2). Dieu a accepté le sacrifice de Jésus en remplacement du châtiment dont il aurait dû nous frapper (1 Pi 2.24). Il a payé la dette que la justice réclamait et que nous n'aurions jamais pu solder (Tit 2.11-14). Sa souffrance expie (couvre) nos transgressions (1 Jn 4.10). Sa mort nous sauve de l'enfer que nous méritions (Ga 3.13-14).

Pour ceux qui luttent contre la culpabilité, l'œuvre de Christ est une extraordinaire bonne nouvelle. Malgré sa condamnation, mon frère David ne peut pas payer pour les crimes qu'il a commis. De même, nous qui sommes coupables de péché, nous ne pouvons payer à un Dieu saint ce que mérite notre transgression de sa loi. Toutefois, étant donné que Jésus est venu payer notre dette malgré notre indigence morale, David, vous et moi pouvons vivre avec un cœur libre de toute honte.

La justice de Christ

Le sacrifice de Christ satisfait la justice divine (Ro 5.15-21). Il me donne le statut spirituel de juste, comme si je n'avais jamais péché (És 1.18). Pour les théologiens, cette déclaration par laquelle Dieu me considère juste s'appelle la « justification ». Elle résulte d'un échange surprenant opéré à la croix de Christ. Il s'est chargé de mon péché et m'a conféré sa justice en échange (2 Co 5.21 ; 1 Pi 3.18). Il est devenu comme nous (pécheur) pour que nous puissions devenir comme lui (saints).

Que Christ ait ainsi géré nos péchés me permet de reconnaître l'ampleur du péché de mon frère, du mien et du vôtre. Par son sacrifice, Jésus-Christ peut expier le péché de tous les êtres humains, quelle que soit la monstruosité du mal dans leur vie.

L'une des preuves de cette bonne nouvelle se trouve dans la suite du verset cité au début de cet article. L'apôtre Paul écrit : « *Jésus-Christ est venu dans le monde pour sauver les pécheurs, dont je suis le premier* » (1 Ti 1.15). Plus tôt dans sa vie, Paul avait blasphémé contre Jésus et fait mettre à mort ses disciples. À présent, l'apôtre peut tressaillir d'allégresse : il sait que l'expiation opérée par Christ couvre pleinement la totalité de ses péchés ; non parce qu'ils seraient insignifiants, mais grâce à la portée de l'œuvre accomplie à la croix. Le sacrifice de Jésus-Christ est suffisant pour expier le plus grand des péchés et racheter le plus grand des pécheurs.

L'amour de Dieu

Comment être sûrs que l'œuvre de Christ s'applique à nous ? Jésus lui-même parle d'individus qui iront en enfer (Mt 23.33 ; Jn 3.18). Nous savons donc que l'expiation accomplie par Christ, bien que suffisante pour chacun, ne s'applique pas à tous. Quelle assurance avons-nous alors qu'elle s'applique à nous ? La réponse se trouve dans le rappel que Dieu donne quand il ordonne.

Dieu n'exige pas que nous méritions son pardon. Il ne nous demande pas d'accomplir une tâche spirituelle considérable ou d'éprouver un remords particulièrement profond, en compensation de notre péché. La bonne nouvelle est justement que Dieu accorde son pardon seulement par pure grâce (Ro 3.23-24). Il nous *donne* son amour au lieu d'exiger que nous le méritions.

Si nous devions mériter l'amour de Dieu, il nous serait très difficile d'obéir à son commandement le plus grand : « Tu aimeras le Seigneur, ton Dieu, de tout ton cœur, de toute ton âme, et de toute ta pensée » (Mt 22.37). Lorsque quelqu'un subordonne son amour au service que nous lui rendons, nous le servirons peut-être, mais nous ne pourrons pas l'aimer. Si un parent dit à son enfant : « Je t'aimerai à condition que tu ramènes une excellente note en mathématiques, que tu tondes la pelouse et que tu nourrisses le chat », l'enfant le fera probablement, mais il n'aimera pas celui dont l'amour est aussi manipulateur.

C'est pourquoi le Seigneur, qui exige notre amour, nous rend capables de l'aimer en faisant de son amour un don inconditionnel. La Bible déclare : « Pour nous, nous l'aimons, parce qu'il nous a aimés le premier » (1 Jn 4.19). Dieu prend aussi l'initiative de démontrer son amour inconditionnel.

La fidélité à l'alliance

En évoquant les alliances que Dieu a conclues avec son peuple, la Bible nous en apprend plus sur cet amour de Dieu qui prend l'initiative. Dans ces alliances, Dieu promet d'aimer les siens inconditionnellement. De telles alliances ne sont pas des contrats susceptibles d'être résiliés lorsque les conditions ne sont pas remplies. Les manquements n'annulent pas l'alliance de Dieu. Aussi le peuple de Dieu est-il à même d'affirmer : « Si nous sommes infidèles, il demeure fidèle » (2 Ti 2.13).

L'exode d'Israël, libéré de l'esclavage en Égypte, constitue l'un des meilleurs exemples de cet amour garanti par l'alliance. Des siècles auparavant, Dieu avait promis d'aimer Abraham et ses descendants. Or, ces derniers avaient maintes fois négligé Dieu. Ils étaient devenus esclaves en Égypte, jusqu'au jour où Dieu envoya Moïse pour les délivrer. Ce n'est qu'après leur délivrance que Dieu a donné ses commandements aux Israélites afin de leur permettre de mener une vie sainte.

L'ordre de ces événements est crucial pour notre compréhension de l'amour que Dieu porte à son peuple en vertu de l'alliance. Il a délivré les Israélites *avant* de leur donner la loi. Il n'a pas attendu qu'ils lui obéissent pour leur accorder la délivrance (voir De 5.6). Il n'a pas dit : « Obéissez-moi, et je vous aimerai ». Dans sa fidélité à l'alliance, il a déclaré : « Je vous ai déjà aimés et sauvés ; c'est pourquoi je vous demande d'observer ces lois grâce auxquelles vous mènerez une vie heureuse ».

La grâce de Dieu envers nous, le fait qu'il nous a aimés avant que nous lui ayons obéi, est un élément essentiel de la bonne nouvelle de l'Évangile (Ro 5.8). Si, avant de nous aimer, Dieu avait exigé que nous mettions notre vie en règle, des personnes comme mon frère dans cette cellule n'auraient aucun espoir. La vie de mon frère David est un gâchis total. Il n'a aucun moyen de réparer le mal qu'il a fait. Il n'a ni la liberté physique ni les capacités mentales pour annuler les torts qu'il a causés aux autres. Mais lorsqu'il a reconnu que Jésus l'aime et qu'il l'aidera, la grâce de Christ s'est appliquée à lui malgré des années de péché et une vie lourdement handicapée.

Adulte, David ne s'était exprimé en famille que par des paroles brèves et des grognements. Lorsqu'il a placé sa confiance dans l'amour de Jésus pour lui, il a commencé à nous envoyer des lettres. Nous ignorions qu'il savait écrire. L'orthographe et la grammaire étaient rudimentaires, mais elles se sont améliorées avec le temps, tout comme la capacité de David à décrire sa foi. De sa prison, il a écrit : « Dieu peut faire des miracles pour celui qui croit en lui. Je crois en Dieu. Il a envoyé son Fils Jésus mourir pour nos péchés. Dieu a tant aimé le monde qu'il a donné son Fils unique. Quiconque croit en lui ne mourra pas mais aura la vie éternelle. »

S'étant approprié les paroles de Jean 3.16, David parla de l'Évangile de Jésus-Christ à tous ceux qu'il connaissait. Cet Évangile est suffisant pour le monde entier ; il est suffisant pour tous nos péchés ; et il est disponible pour tous ceux qui croient en lui.

La foi en Christ

L'Évangile s'applique à tous ceux qui *croient* en Jésus. Dieu ne dit pas qu'il sauvera ceux qui graviront des montagnes, s'affranchiront de leurs addictions, soulageront la misère ou atteindront un certain niveau de bonté. Il sauve ceux qui croient tout simplement en Jésus comme étant leur Sauveur personnel (Jn 3.16).

La situation de David nous aide à comprendre la nature d'une telle foi. Ne nous laissons pas influencer par l'idée fausse que la foi en Jésus serait une qualité en nous qui inciterait Jésus à nous aimer. Cette façon de penser pourrait laisser entendre que la foi nous rend meilleurs que les autres. Une telle définition de la foi n'a en fait aucun sens. Comment une chose aussi insignifiante que le simple fait de reconnaître que Jésus est mort pour le péché pouvait-elle compenser le blasphème et les meurtres de Paul ? Comment la simple foi de mon frère dans le sacrifice de Christ pouvait-elle compenser ses crimes passés ? Si Dieu devait équilibrer les plateaux de sa balance en mettant sa justice d'un côté et notre foi de l'autre, il ne serait pas juste. Comprenons bien que c'est le sacrifice de Christ, et non notre foi, qui équilibre les plateaux de la balance divine.

Si notre foi nous vaut la grâce de Dieu, alors nous sommes responsables de notre salut. Nous pouvons nous en attribuer la gloire. Or, la Bible est claire : c'est Jésus qui sauve. Notre foi ne gagne pas l'amour de Dieu et ne mérite pas sa grâce. Il serait étrange de voir un homme qui, sauvé de la noyade, se pavanerait sur la plage en disant : « Je suis en vie parce que j'ai été assez intelligent pour appeler le maître-nageur à l'aide ». N'importe qui pourrait comprendre que le nageur sauvé n'a aucune raison de se vanter. Son salut dépendait uniquement de la bonne volonté et des aptitudes du maître-nageur.

La dépendance totale à autrui est l'antithèse d'une autre erreur courante concernant la foi qui sauve : penser qu'elle est agissante grâce à sa propre force. Certains pensent que, moyennant un effort psychologique suffisant ou une étude théologique assez poussée, ils seront en mesure d'insuffler assez de foi dans leur cœur pour mériter l'amour de Dieu. Penser que le salut repose sur une foi éminente est une façon de faire de la foi une œuvre dont nous avons besoin pour mieux réussir que les autres. C'est comme si le même nageur se vantait sur la plage en déclarant : « Je suis sauvé parce que je me suis accroché au maître-nageur avec une force supérieure à celle des autres. »

Pour bien comprendre ce qu'est la foi biblique, nous devons considérer que nous sommes totalement épuisés par les efforts déployés pour tenter de survivre spirituellement, et compter entièrement sur la force du maître-nageur (Jésus) pour nous sauver. Notre espoir ne peut pas reposer sur la force de notre foi – les vagues de la faiblesse et du doute sont bien trop fortes pour cela – mais uniquement sur la seule capacité de Jésus.

Imaginant mon frère recroquevillé dans un coin de sa cellule, avec ses facultés mentales limitées, ses émotions épuisées et sous le coup d'un grand sentiment de culpabilité, je ne souhaite vraiment pas que son espoir repose sur la force de sa foi. Je veux qu'il soit fondé sur la force de l'amour de Jésus. David n'a aucune force de caractère ou de cœur pour quoi que ce soit d'autre. Son espoir doit être le même que celui de l'apôtre Paul, qui savait ce que signifiait être arrivé au bout de sa sagesse, de son zèle et de sa force pour mériter l'approbation de Dieu. Il écrit : « Car c'est par la grâce que vous êtes sauvés, par le moyen de la foi. Et cela ne vient pas de vous, c'est le don de Dieu. Ce n'est point par les œuvres, afin que personne ne se glorifie » (Ép 2.8-9).

La foi n'est ni une œuvre, ni un exercice mental, ni une expérience émotionnelle. Nous ne pouvons pas nous vanter de posséder assez de foi pour mériter l'amour de Dieu. La foi qui sauve est celle qui fait abdiquer tout effort humain et confesse qu'il n'y a rien en nous qui puisse inciter Dieu à nous aimer. Nous comptons sur Jésus seul pour nous sauver de notre péché. Nous ne croyons pas que ce que nous faisons suffit à nous faire aimer de Dieu, qu'il s'agisse de nos bonnes œuvres, de nos sages pensées ou même de la puissance de notre foi. Nous nous appuyons simplement sur Jésus pour notre salut.

La foi en Christ seul – un renoncement à soi comme fondement de l'approbation divine – résulte de l'action de Dieu dans notre cœur. Il se sert de tous nos désespoirs et de toutes nos déceptions pour nous amener à une dépendance complète de lui. Lorsque Jésus est devenu notre seule source d'espoir, nous nous détournons de tout pour nous tourner vers lui. C'est l'une des raisons pour lesquelles Paul déclare que même la foi est un don de Dieu (Ép 2.8-9). La foi rédemptrice n'est pas produite par nos efforts. Si Dieu ne faisait pas battre notre cœur pour lui, nous serions spirituellement morts (Éz 36.26 ; Ép 2.1).

Le repos en Christ

Avoir la foi biblique n'est pas tant s'appuyer sur sa connaissance, sa ferveur ou la condamnation de soi, que de placer davantage sa confiance dans l'œuvre de Christ. Ce n'est pas la vigueur de notre foi qui nous fait tenir devant lui, mais la puissance de son amour qui nous amène à lui. Tout comme un homme fort ne compte pas sur ses muscles mais sur les câbles de l'ascenseur pour le faire monter, ainsi la foi biblique ne consiste pas à exercer un effort moral mais à faire preuve d'une dépendance spirituelle. Il ne s'agit pas tant de compter sur notre grande foi en Jésus que de se reposer dans son grand amour pour nous (És 30.15 ; Hé 4.9-11). Nous nous appuyons plus sur la compassion infinie et inébranlable d'un Dieu omnipotent que sur les efforts faibles et variables de notre nature humaine.

En ouvrant notre cœur à la réalité de l'amour divin inconditionnel, nous goûtons une paix douce et surprenante (Ro 5.1-2). Au lieu de nous tourmenter sans cesse pour satisfaire aux exigences de Dieu ou apaiser sa colère, nous découvrons l'acceptation divine infinie (Ép 2.17-19). Nous nous rendons également compte que confier notre âme à Jésus ne revient pas à vivre dans la crainte quotidienne des froncements de sourcils de Dieu. Étant donné que notre foi repose exclusivement sur l'œuvre rédemptrice de Christ, notre vie chrétienne ne se réduit pas à déployer des efforts épuisants pour tenter de rester du côté de Dieu. Nous nous reposons sur la grâce qui couvre notre péché, triomphe de nos chutes et nous garantit la justice de Jésus.

Nous ne luttons pas toutes griffes dehors pour gagner l'amour de Dieu. Il nous aime, c'est tout ! Dans la mesure où le Roi du ciel nous sourit, ne désespérons pas si certains êtres humains ne le font pas, ou si nos circonstances semblent décevantes. Que notre péché soit monstrueux ou ordinaire, que nous estimions notre vie trop futile ou trop remplie, que nous vivions dans une superbe demeure ou dans une sombre prison, la grâce divine fait de nous, aux yeux de Dieu, des êtres justes au même titre que Jésus. Il nous aime autant qu'il aime Jésus. Pour tous ceux qui ont pleuré sur leurs péchés, regretté leurs défaillances et redouté leur avenir, cet amour constitue une consolation merveilleuse dans laquelle ils peuvent se reposer. Cependant, l'Évangile renferme d'autres bonnes nouvelles encore.

DIEU AMÈNE À LA PERFECTION CE QU'IL DONNE[2]

La justification par la grâce est une expérience merveilleuse, mais le plan de Dieu ne se limite pas à cette œuvre. Jésus-Christ ne se contente pas de nous délivrer du péché passé ; il nous donne l'assurance de vivre l'éternité avec lui. C'est pour cela que Jésus a pu dire que quiconque croit en lui ne périra pas mais aura la vie éternelle (Jn 3.16). Le salut que Dieu offre n'est pas comparable à la délivrance d'un homme momentanément sauvé d'une attaque de tigre qui, dès le lendemain, se retrouve plongé dans la jungle. L'Évangile inclut les moyens par lesquels Dieu nous procure une sécurité spirituelle éternelle.

L'union avec Christ

Non seulement Dieu nous aime autant qu'il aime Jésus, mais sa grâce fait vraiment de nous ses enfants. L'apôtre Jean écrit : « Voyez quel amour le Père nous a témoigné, pour que nous soyons appelés enfants de Dieu ! Et nous le sommes » (1 Jn 3.1). Mais comment devenir enfants de Dieu alors que nous sommes nés de parents naturels ? De vastes implications de la grâce sont contenues dans cette réponse : Nous avons été adoptés par le Père céleste (Ép 1.5-6).

Comment s'opère cette adoption ? Nous avons déjà décrit l'essence du mécanisme : nous comptons sur Christ pour notre vie spirituelle avec Dieu. Pour cela, nous confessons que nous avons besoin de Jésus pour nous rendre saints et nous reconnaissons notre péché et l'incapacité de nous mettre en règle avec Dieu (pensées, paroles et actions). Il nous justifie alors en vertu de sa grâce seule et nous devenons, à ses yeux, aussi justes et aimés que Jésus.

Nous n'avons pas encore abordé toutes les implications d'une dépendance spirituelle aussi totale. Si, malgré tous nos efforts, nous ne sommes pas en mesure de susciter la vie spirituelle avec Dieu, c'est que, selon les normes de la réussite humaine, nous sommes comme morts. Aussi étrange que cela puisse paraître, l'Évangile affirme que c'est l'exacte vérité. Et cette mort est la porte ouverte pour une vie nouvelle dans la famille de Dieu.

Unis à Christ dans sa mort

Après avoir conclu que rien ne peut justifier quelqu'un devant un Dieu saint, l'apôtre Paul ajoute : « J'ai été crucifié avec Christ ; et si je vis, ce n'est plus moi qui vis » (Ga 2.20). Aussi terribles que semblent ces paroles, elles démontrent incontestablement ce que signifie le fait de se tenir devant Dieu sur la base du sacrifice de Jésus, plutôt que sur la base de notre prétendue sainteté. Notre espoir réside dans ce qu'il a accompli plutôt que dans ce que nous accomplissons. Notre position spirituelle – notre identité – est incluse dans la sienne.

Être uni à Christ dans sa mort pourrait paraître affreux ; c'est en réalité une excellente chose. Si tout ce qui nous condamne est cloué sur la croix, alors tous nos péchés, nos carences et nos défaillances le sont également. Puisque tout ce qui pouvait nous séparer spirituellement de Dieu est cloué sur la croix, Dieu peut nous attirer à lui. Mais à quoi bon cette intimité si nous sommes spirituellement morts ? Paul répond en rappelant que notre vie spirituelle – notre identité devant Dieu – provient désormais d'une autre source.

Unis à Christ dans sa vie

Nous sommes unis à Christ non seulement dans sa mort mais aussi dans sa vie. Paul écrit : « J'ai été crucifié avec Christ ; et si je vis, ce n'est plus moi qui vis, *c'est Christ qui vit en moi* » (Ga 2.20). Ces paroles ne garantissent pas seulement une vie nouvelle avec Christ, elles abordent également un aspect clé de l'Évangile que nous n'avons pas encore mentionné : la résurrection.

En souffrant sur la croix pour notre péché, Jésus a aussi levé la sanction qui frappait l'humanité depuis qu'elle a abandonné les voies de Dieu. Dieu avait déclaré à Adam que, s'il désobéissait, il mourrait certainement (Ge 2.17). Le péché d'Adam a rompu le lien vital et intime entre un Dieu saint et le cœur humain. Dieu a répondu en ressuscitant Jésus d'entre les morts par la puissance du Saint-Esprit, afin de montrer que le sacrifice de Christ a réellement supprimé les effets de ce péché originel (Ro 8.11 ; 1 Co 15.15-20).

La vie de Jésus après sa mort prouve que la promesse divine d'annuler notre péché et de nous donner la vie éternelle est réelle pour nous. Notre péché ne met pas fin à notre relation avec Dieu, tout comme la fin de notre vie terrestre ne fait pas cesser notre relation avec lui. Lorsque notre corps mortel succombe, notre esprit continue de vivre éternellement en communion avec le Seigneur. Et le jour viendra où Dieu ressuscitera notre corps, comme il a ressuscité celui de Jésus, si bien que nous serons réunis, corps et esprit, avec Jésus ; mais c'est là un aspect de la bonne nouvelle sur lequel nous reviendrons plus loin.

Pour le moment, il importe de comprendre que, suite à la résurrection de Jésus, l'esprit de tout croyant est déjà uni à Christ. Jésus est certes passé par la mort, mais il vit à nouveau et il vit en nous, en union spirituelle avec notre esprit. Rappelez-vous la parole de Paul : « Christ vit en moi. » Si nous sommes comme morts (puisque rien de ce que nous faisons ne peut nous valoir une relation spirituelle avec Dieu) et si Jésus vit en nous (puisque son esprit est uni au nôtre), nous possédons alors l'identité de Jésus. Tout ce qui est vrai de lui – sa sagesse, sa sainteté et sa justice – remplace notre manque de sagesse, notre péché et notre rébellion (1 Co 1.30). L'apôtre se réjouit à juste titre de ce que Jésus est notre vie (Col 3.4) et il ajoute pour sa part : « Christ est ma vie » (Ph 1.21). Par notre union spirituelle avec Christ, tout ce qui nous fait honte est mort, et tout ce qui l'honore est nôtre.

Les privilèges familiaux

Puisque nous partageons la même identité que Jésus-Christ, nous sommes membres de la famille de Dieu (Hé 2.11). Peu importent les terribles antécédents qui sont les nôtres. Les choses anciennes sont passées, nous menons une vie nouvelle en Christ (2 Co 5.17). Quiconque est uni à Christ jouit d'une filiation divine tout aussi certaine que celle dont jouit Christ lui-même. Par cette « adoption », Dieu nous fait des promesses pour nous aider à honorer le Christ dont nous partageons l'identité.

Un statut immuable

La première assurance est celle d'un statut immuable. Avant son transfert dans la prison, lorsque mon frère fut condamné pour son crime, ma famille fut autorisée à le rencontrer dans une cellule attenante. Le visage inondé de larmes, mon père chanta un vieux cantique pour mon frère nouvellement sauvé mais condamné à l'emprisonnement :

> Les prisons elles-mêmes seront des palais,
> Si Jésus les occupe avec moi[3].

Par ces mots pleins d'affection, mon père réaffirmait son amour à David, ainsi que les consolations de l'amour du Seigneur. Bien qu'il ait cruellement humilié et trahi mon père, David était toujours son fils. Rien de ce que mon frère pouvait faire ne parviendrait à altérer cette relation.

De même, nos actions ne changent en rien notre relation à Dieu (Hé 10.14). Même lorsque nous péchons et trahissons son amour, nous ne cessons d'être ses enfants. Notre statut spirituel ne dépend pas de nos actions, mais de ce que Christ a accompli. Puisque Christ habite en nous, Dieu nous aime. L'assurance de cette bonté infinie nous donne le désir d'honorer Dieu et la volonté de revenir à lui lorsque nous avons péché (Ro 2.4).

Dieu peut nous corriger afin de nous épargner des conséquences plus préjudiciables de notre rébellion, mais il ne nous en aime pas moins. L'objectif des mesures disciplinaires de notre Père céleste est de nous aider, jamais de nous nuire. Même lorsque nous sommes en proie aux pires sanctions disciplinaires que Dieu nous inflige, il nous aime infiniment et nous protège spirituellement (Hé 12.5-11). Notre statut d'enfants de Dieu ne change jamais.

Une protection perpétuelle

Notre statut étant immuable, nous avons la certitude divine de la protection perpétuelle de Dieu. Même si cette promesse de protection perpétuelle peut provoquer le doute chez ceux qui connaissent l'histoire des martyrs chrétiens ou même des croyants ordinaires ayant connu souffrance et tragédies, il n'en demeure pas moins que la protection divine est réelle et fiable.

Comment ceux qui sont constamment confrontés aux épreuves de la vie peuvent-ils croire à la protection infaillible de Dieu ? La réponse réside dans le rappel que cette vie n'est ni la fin de notre existence, ni même sa partie la plus importante. Jésus a déclaré : « Ne craignez pas ceux qui tuent le corps et qui ne peuvent tuer l'âme ; craignez plutôt celui qui peut faire périr l'âme et le corps dans la géhenne » (Mt 10.28).

Dieu se soucie davantage d'assurer notre condition éternelle que de faciliter notre existence temporelle. Pour cette raison, il établit une protection spirituelle autour de notre vie pour que rien ne puisse pénétrer qui détruise notre statut éternel avec lui. Après tout, Dieu nous aimerait-il vraiment autant qu'il aime son Fils s'il permettait que nous fassions ou expérimentions quelque chose qui nous vaudrait l'éternité en enfer ? Nous aurons beaucoup de tribulations dans ce monde déchu (Ge 3.17-19), mais Dieu ne permettra jamais que quoi que ce soit brise notre relation avec lui (Ro 8.35-39).

Nous ne connaîtrons probablement pas les raisons des épreuves que nous aurons subies avant que le Seigneur ne nous les donne au ciel, mais nous connaissons déjà le plan général de Dieu. L'apôtre Paul écrit : « Toutes choses concourent au bien de ceux qui aiment Dieu » (Ro 8.28). Quelle promesse étonnante ! Les événements qui se produisent dans l'univers ne sont pas le résultat du hasard. Dieu fait concourir toutes choses au bien de son peuple. Paul poursuit en indiquant ce qui est « bien ». Il affirme que toutes choses coopèrent pour nous rendre plus conformes à l'image de son Fils « afin que son Fils soit le premier-né de plusieurs frères » (Ro 8.29).

Dieu s'occupe sans relâche à rendre sa famille plus mature et nombreuse afin que le ciel se remplisse d'un grand nombre d'enfants semblables à Jésus. Pour imprimer en nous (et manifester aux autres) un caractère et une compassion semblables à ceux de Christ, Dieu permet que nous traversions des épreuves dans ce monde. Les difficultés nous détournent d'un amour excessif des choses temporelles et nous aident à comprendre la valeur supérieure des priorités éternelles, et à vivre en conséquence (2 Co 4.17). De toute façon, l'épreuve n'est jamais au-dessus de ce que nous pouvons endurer (1 Co 10.13) ; elle ne nous éloigne jamais du Dieu d'amour (Hé 13.5) qui, au milieu des tribulations destinées à éprouver notre foi, nous accorde bien souvent des bénédictions pour fortifier notre cœur (La 3.23).

Dieu dose les larmes aussi bien que les rires nécessaires à la recette de notre bien éternel (et à celui de notre prochain). C'est pourquoi mon frère David ne faisait pas preuve de naïveté quand, une nuit, il écrivit du fond de sa cellule : « Je suis triste en pensant à la souffrance de papa et maman. Je vais pleurer un certain temps avant de prier et de me coucher. » Un cynique peut se moquer de celui qui prie un Dieu qui a permis de telles larmes. Or, les larmes de David n'exprimaient pas le déni de la main de Dieu dans sa vie ; elles indiquaient, au contraire, la raison qu'il avait de prier. David croyait que Dieu utilisait sa rébellion et sa souffrance pour accomplir une œuvre meilleure. À l'époque, David ignorait le bien que Dieu allait accomplir – mais il allait bientôt le savoir – lorsque Dieu révélerait la puissance de telles prières.

La puissance personnelle

La troisième assurance liée à notre adoption est la puissance personnelle. Les moyens que Dieu utilise pour faire concourir toutes choses à notre bien sont plus étonnants que la promesse elle-même. Cette promesse est, par exemple, donnée dans le cadre d'une discussion sur la prière. L'apôtre admet tout d'abord : « Nous ne savons pas ce qu'il convient de demander dans nos prières » (quel contraste avec certains de nos contemporains qui, eux, prétendent le savoir). L'apôtre ajoute aussitôt : « Mais l'Esprit lui-même intercède par des soupirs inexprimables [...] parce que c'est selon Dieu qu'il intercède en faveur des saints » (Ro 8.26-27). Impressionnant ! Même si nous ne savons pas au juste comment demander à Dieu de faire pour le mieux, le Saint-Esprit traduit nos prières en requêtes parfaites, conformes à la volonté divine.

Quand nous présentons à Dieu nos requêtes avec le sincère désir que sa volonté soit faite (voir Mt 6.10), il répond en faisant concourir *toutes choses* à notre bien. Dieu façonne notre environnement pour que se produise ce qui est spirituellement bon pour nous. Par nos prières, nous devenons avec Dieu co-créateurs d'une nouvelle réalité. Tout change parce que nous prions, non que nos prières soient vraiment efficaces ou bonnes, mais parce que le Dieu auquel elles s'adressent est bon.

Les auteurs du Nouveau Testament affirment constamment la bonne nouvelle que Jésus est Seigneur. Il ne s'agit pas d'une formule de rhétorique, mais de la déclaration effective que celui qui a créé toutes choses est venu, selon la promesse de Dieu, pour délivrer son peuple par sa puissance divine (Mc 1.15 ; Ac 2.36 ; 10.36). Cette puissance connaîtra sa pleine expression lors de l'achèvement de toutes choses, mais elle transforme dès à présent toute réalité par nos prières.

Ma famille a découvert que de telles promesses de l'Évangile ne sont pas vides (És 65.24 ; Ép 3.20). Mon frère implorait Dieu, entre autres raisons, à cause de la séparation de nos parents. Des décennies de tensions les avaient éloignés l'un de l'autre, rendant l'épreuve de mon frère encore plus difficile à gérer. Après sa conversion, David se mit à intercéder pour que mes parents vieillissants, séparés depuis près de quinze ans, reprennent une vie commune. Je n'avais pas le cœur de lui dire combien ses prières me semblaient vaines. Le Seigneur allait pourtant me rappeler des vérités bibliques que j'avais besoin de me réapproprier.

Quelques semaines avant le mariage de notre fille aînée, je reçus un coup de fil de ma mère annonçant que mon père et elle projetaient de venir. Elle ajouta : « Nous séjournerons dans le même hôtel, dans la même chambre ». Devant mon silence interloqué, elle ajouta : « Il n'y a rien de scandaleux ! Rappelle-toi, nous sommes encore mariés ».

Je lui demandai : « Maman, les choses se sont-elles arrangées entre papa et toi ? »

Elle répondit, en larmes : « Devant les difficultés de ton frère, ton père et moi avons appris à nous appuyer de nouveau l'un sur l'autre ». Ce fut à mon tour de fondre en larmes et de m'émerveiller devant ce Dieu qui fait tout concourir à notre bien et se sert des choses insignifiantes de ce monde pour confondre les sages (1 Co 1.27). J'aurais dû attendre de mon Seigneur davantage que je ne l'avais fait. Mais mon petit frère, handicapé mental, condamné pour crime et incarcéré, avait pris la Parole de Dieu au sérieux, implorant le secours de Dieu qui lui avait répondu selon ce qu'il savait être le meilleur.

Aujourd'hui, lorsque mes parents, âgés respectivement de 79 et 82 ans, rendent visite à mon frère en prison, ils se donnent la main en franchissant les barbelés de l'entrée. J'ose dire à tous ceux qui veulent bien me croire : « L'Évangile est vrai ; il transforme le monde ». Je ne promets pas que Dieu répondra chaque fois exactement comme nous le lui demandons, ou que nous verrons toujours l'exaucement de nos prières pendant notre vie terrestre, mais je promets – parce que l'Écriture le fait – que Dieu fera concourir toutes choses au bien de ceux qui l'aiment.

La croissance spirituelle

La puissance personnelle que nous garantit notre adoption ne s'exerce pas seulement sur le monde extérieur, mais également sur notre être intérieur. Dans leur prière la plus ardente, les croyants demandent à Dieu que leur vie glorifie leur Sauveur. Hélas, force est de constater que nous sommes assaillis de tentations et trop souvent vaincus à cause de notre faiblesse spirituelle. Concernant ces combats, l'Évangile offre une quatrième assurance aux croyants : Dieu leur accorde les ressources nécessaires pour combattre le péché.

Le processus qui nous fait grandir pour ressembler à Christ s'appelle la « sanctification ». La Parole de Dieu nous aide de plusieurs façons pratiques à croître dans cette direction. Elle commence par nous dire ce que Dieu attend de nous. Dieu ne nous oblige pas à deviner. Au contraire, pour notre sécurité spirituelle, il nous donne des instructions qui comblent notre désir de le glorifier. Si le monde considère les lois de Dieu comme des rabat-joie, les chrétiens savent bien que les commandements divins conduisent réellement sur les sentiers qui les satisfont le plus et qui plaisent à Dieu.

Pour que nous ne soyons pas entraînés par les séductions trompeuses du monde, Dieu nous demande de nous laisser instruire par sa Parole, de communier avec lui par la prière, de l'adorer dans l'assemblée de son peuple, de chercher conseil auprès de ceux qui sont les plus avancés dans ses voies. L'utilisation régulière de ces « moyens de grâce » nous fait grandir en piété personnelle. D'une certaine manière, ces moyens de grâce sont efficaces tout simplement parce que nous sommes des êtres naturels qui répondent à des mécanismes normaux d'apprentissage et de comportement. Lorsque nous avons soif, un verre d'eau nous fait du bien ; de même, si nous luttons contre une tentation, les recommandations bibliques nous aident à nous en éloigner.

Toutefois, notre sanctification n'est pas juste un processus naturel. La Bible déclare que notre combat spirituel n'est pas dirigé contre la chair et le sang, mais contre des puissances spirituelles mauvaises – en nous et hors de nous (Ép 6.12). Elles exigent une résistance supérieure à celle que la volonté humaine peut procurer. Le Seigneur utilise donc aussi des moyens de grâce pour nous communiquer la force surnaturelle nécessaire aux victoires.

La puissance spirituelle entre dans notre vie lorsque nous croyons que nous sommes ce que la Parole de Dieu affirme : de nouvelles créatures en Jésus-Christ. Avant l'entrée de Jésus dans notre cœur nous ne pouvions *pas ne pas* pécher. Mais Jésus nous transforme. Il envoie son Saint-Esprit pour nous convaincre que nous sommes pécheurs (que le péché est vraiment mauvais) et fortifier notre résistance. Nous ne sommes plus démunis contre Satan (Col 1.13). L'apôtre Jean écrit : « Celui qui est en vous [le Saint-Esprit] est plus grand que celui qui est dans le monde [Satan] » (1 Jn 4.4). Le même Esprit qui a ressuscité Jésus d'entre les morts est en nous et nous donne la force de vaincre le péché.

Satan tente évidemment de nous persuader que nos chutes sont naturelles et que nous ne pouvons pas résister au péché. La Parole de Dieu affirme au contraire que nous pouvons lui résister puisque nous ne dépendons plus de nos seules capacités naturelles (Ro 8.11). Bien sûr, si nous ne croyons pas la victoire possible, nous avons déjà perdu la bataille. C'est pourquoi la simple foi dans la vérité de la Parole de Dieu marque le début de la victoire spirituelle. L'utilisation régulière des moyens de grâce renforce la foi par laquelle nous agissons en fonction de la force qu'il nous communique.

La sécurité spirituelle

Les moyens de grâce ont aussi pour but d'ancrer en nous la conviction profonde que même si nous ne remportons pas toutes les batailles, nous ne sommes pas moins aimés pour autant. Avec beaucoup de sagesse, un ami m'a écrit : « Les seules personnes qui font des progrès spirituels sont celles qui savent que même si elles n'en font pas, elles ne sont pas moins aimées ». Cela semble impossible et rétrograde. Si les gens sont conscients que leurs écarts ne diminuent en rien l'amour de Dieu pour eux, ne seront-ils pas tentés de persister dans leur péché ? Il est vrai que certaines âmes rebelles et insensibles abuseront de la grâce, mais pas celles qui sont soumises à l'Esprit de Dieu.

Avant de comprendre comment l'amour inébranlable de Dieu nous pousse à la sainteté, considérons une question importante : « Qu'est-ce qui confère au péché un pouvoir dans notre vie ? » La réponse est simple : « Le péché a un pouvoir dans notre vie parce que nous l'aimons ». Si le péché ne nous attirait pas, il n'exercerait aucun pouvoir de tentation sur nous. Voici une autre question : « Quel est le seul moyen de supprimer cet amour pour le péché ? » En le remplaçant par un amour encore plus fort. Si nous aimons Jésus plus que le péché, nous cherchons davantage à lui plaire qu'à excuser le mal (Jn 14.15). L'amour pour Jésus chasse de notre vie l'amour pour le mal qui confère au péché sa puissance.

Une dernière question : « Qu'est-ce qui nous pousse à aimer Jésus ? » La Bible répond : « Nous l'aimons parce qu'il nous a aimés le premier » (1 Jn 4.19). Nous finissons donc par comprendre pourquoi il est faux d'affirmer que si Dieu nous aime malgré notre péché, nous pouvons nous en donner à cœur joie. En effet, si nous aimons vraiment Dieu, nous cherchons à lui être agréables. Savoir que l'amour inébranlable du Seigneur pour nous ne cesse jamais est la meilleure des motivations (La 3.22-23). Sa grâce à toute épreuve envers ses enfants est ce qui nous pousse à rechercher la sainteté dans notre cœur (Ro 12.1-3).

Peu après avoir été mis en prison, David commença à gribouiller des versets bibliques ainsi que les paroles de cantiques de son groupe de prière et à nous les envoyer. Il prit également l'habitude de terminer ses lettres par « Que Dieu vous bénisse ». Bien qu'incarcéré – et exposé à des tentations et des épreuves au-dessus de celles que je pourrais connaître – il se voit, tel un instrument, utilisé pour proclamer la gloire de Dieu. Il désire que sa vie reflète la grâce dont il a fait l'expérience. Personne ne le contraint à écrire ces mots ; personne ne le pourrait. Mais son amour pour Jésus est devenu une force redoutable dans sa vie, comme c'est le cas pour tous celles et ceux qui connaissent l'amour inconditionnel et la grâce infinie de Jésus-Christ.

Un héritage éternel

L'héritage est la cinquième assurance des enfants de Dieu (Ép 1.14 ; 2.7). La Bible affirme que les enfants d'adoption de Dieu sont cohéritiers de Christ (Ro 8.17). Dans ces quelques pages, nous ne pouvons mentionner que certains aspects essentiels de cette bonne nouvelle. Le premier est la vie éternelle, qu'il ne faut pas assimiler à des années interminables à jouer de la harpe sur de petits nuages. Quand les croyants meurent, leur âme entre immédiatement dans la présence glorieuse de notre Père céleste (2 Co 5.8 ; Ph 1.21-24). Ils jouissent sur-le-champ d'une acceptation entière, d'une plénitude de joie et de paix, mais ce n'est pas tout (Lu 23.43). Un jour, Christ reviendra et renouvellera la terre qu'il avait créée si bonne à l'origine (És 65.17-19 ; Ro 8.21-23). Tous les biens accordés à l'humanité au commencement seront restaurés ; le monde regorgera des bontés de Dieu et sera exempt de souffrances (Ap 21.4).

La création sera restaurée et nous-mêmes serons renouvelés, corps, intelligence et esprit (1 Co 15.52-54). Non seulement mon frère David, actuellement en prison, jouira du plein pardon de Dieu, mais son corps sera de nouveau pur et, pour la première fois, il jouira de toutes ses facultés mentales. Il sera plus glorieux que les anges (1 Jn 3.2-3). Dans la nouvelle création, il marchera libre et la tête haute, le regard brillant et le cœur joyeux devant la beauté qui l'environnera. Ma famille, ceux qui sont déjà décédés et ceux qui doivent encore aller au ciel, célébrera les retrouvailles avec lui et tous ceux qui aiment Jésus (1 Th 4.14-18). Nous festoierons à la table du Seigneur, nous nous délecterons de sa bonté et jouirons à jamais d'un monde créé parfait par la grâce de notre Dieu. Jésus, venu pour sauver des pécheurs, opère un salut si grand qu'il restaurera à jamais la terre tout entière, nous y compris (Ap 21.1).

CEUX QUE DIEU AMÈNE À LA PERFECTION, IL LES UTILISE[4]

Un dessein individuel

L'amour immense de Christ à l'égard des siens et du monde dans lequel ils vivent (amour manifesté dans la rédemption de l'ensemble) a des effets profonds sur tous ceux qui l'aiment. Parce que nous l'aimons, nous aimons également *ce* et *ceux* qu'il aime. Peu après s'être abandonné dans les bras de Christ, mon frère David, auparavant grossier dans ses propos et ses actes, a écrit : « J'aime tellement Jésus que maintenant, je ne peux plus supporter ceux qui prennent son nom en vain. Je veux qu'ils sachent combien il est bon ». Dès lors que Jésus fait sa demeure dans notre cœur, son cœur devient le nôtre (Ro 6.4-11).

Ceux qui l'aiment veulent lui plaire en aimant aussi ceux qu'il aime. Nous nous plaisons à être ses ambassadeurs auprès des perdus, ses mains en faveur des malheureux, sa voix qui défend les opprimés, les gérants de la création qu'il a mise à disposition de tout le monde. Nous sommes heureux de voir sa famille s'étendre par-delà les frontières raciales, géographiques, sociales et culturelles, et en conséquence, nous éprouvons du plaisir à aimer. Et lorsque nous manifestons l'amour de Christ en nous, nous qui étions autrefois dans le besoin, nous découvrons finalement un dernier aspect de l'œuvre rédemptrice de Christ : un projet divin. Nous avons été arrachés à une vaine manière de vivre, ainsi qu'à une vie de péché (1 Pi 1.18). Jésus se sert des personnes brisées. Il n'a pas abandonné l'homme incarcéré dans la même cellule que mon frère. En partageant sa foi avec mon frère – un homme d'une autre race – il a goûté avec lui à l'amour de Christ et ils sont devenus des frères spirituels pour l'éternité.

En prison, mon frère handicapé mental a très souvent été soutenu par des hommes qu'il n'aurait jamais côtoyés dans la société, en raison de leur race ou de leur milieu. En découvrant un amour plus grand que ses préjugés, mon frère est également devenu un instrument de l'amour de Christ pour les autres. Sa foi toute simple et son amitié avec ceux qui étaient différents de lui ont inauguré, au sein même de la prison, la gloire d'une fraternité éternelle qui se poursuivra au ciel.

Un dessein collectif

Dans son plan de transformation des hommes, Christ nous utilise en tant qu'individus, mais également en tant que peuple. Par l'Église, nous annonçons la bonne nouvelle de Christ en paroles et en actes, de sorte que son règne puisse s'étendre d'un cœur à l'autre parmi toutes les nations (Col 1.22 – 2.4). Son royaume final est l'aboutissement de l'histoire que l'Écriture raconte depuis sa première page. Notre Dieu ne peut se résoudre à laisser souffrir une création meurtrie. Malgré la trahison qui a conduit à la dévastation du monde et de ses habitants, notre Dieu n'a jamais abandonné l'un et l'autre. Il rachète les créatures humaines pour qu'elles connaissent et répandent sa grâce. Dieu fait donc connaître son salut pour et par les pécheurs. Dans l'Église, nous nous réunissons pour louer Dieu et célébrer sa bonté, pour nous encourager mutuellement à vivre pour lui, pour aider les autres à comprendre et à faire l'expérience de son amour qui transforme les vies.

Cette histoire du salut, une histoire ancienne qui se déroule dans le temps, nous concerne, nous inclut et nous étreint. Nous y découvrons une vocation qui nous dépasse. En l'accomplissant avec d'autres, nous formons le corps de Christ qui, en tant que communauté, nous permet de participer à l'établissement et à l'extension de son royaume. Dieu transforme toutes choses à la gloire de Christ (Ép 1.21). En vivant dans la communauté et en nous encourageant mutuellement, en nous instruisant, en nous fortifiant et en nous pardonnant réciproquement, nous devenons le sel et la lumière qui transforment le monde dans lequel nous vivons (Mt 5.13-16 ; Ép 3.10-21).

Un dessein rédempteur

Nous avons été sauvés pour avoir l'immense privilège de participer à l'œuvre transformatrice de Christ. Pour ce grand dessein, nous honorons notre Roi et reflétons sa grâce dans tous les aspects de notre vie – nos relations, nos emplois, nos loisirs et notre culte. Au fur et à mesure que le Seigneur étend son règne sur l'ensemble de notre vie, les recoins de notre existence qui ne reflètent pas sa gloire disparaissent.

La distinction entre le sacré et le profane ne peut empêcher Christ de contrôler n'importe quel aspect de notre vie. Il est le Seigneur qui est déjà venu et qui reviendra pour étendre son règne de grâce à toutes choses. Il nous a sauvés pour établir son règne sur nous. Tout comme nous trouvons notre plus grande satisfaction à lui consacrer tous les domaines de notre vie, il se plaira à nous utiliser pour accomplir ses desseins éternels, et à racheter le monde par le moyen notamment de nos efforts individuels et communautaires.

Lorsque les auteurs des évangiles annoncèrent l'Évangile de Jésus, c'était pour déclarer que le Seigneur de tous était venu. Aucune joie n'aurait pu accompagner une telle déclaration s'il avait été question du commencement d'un règne despotique. Mais le but du Roi et celui de ses sujets est vraiment une bonne nouvelle si le Roi vient pour sauver des pécheurs et si leur salut comprend un cœur nouveau, une vie revêtue de puissance et un monde transformé. La nouvelle est tellement bonne que les anges eux-mêmes désirent y plonger leurs regards et nous, qui aimons l'auteur de cette bonne nouvelle, nous nous réjouissons aussi qu'elle se propage (1 Pi 1.10-12). Que nous ayons connu l'emprisonnement du corps, les limitations intellectuelles, le poids des habitudes, la culpabilité, la tyrannie des relations ou des circonstances, Jésus-Christ vient pour nous affranchir de tout cela. C'est une grande nouvelle. C'est ça l'Évangile !

NOTES

1. Cette partie du document concerne les thèmes « Création de l'humanité », « La chute », « Le plan de Dieu », « La rédemption par Christ » et « La justification des pécheurs » qui figurent dans la confession de foi de la Coalition. Disponible sur www.thegospelcoalition.org (rubrique *About Us*).

2. Cette partie du document concerne les thèmes « La puissance du Saint-Esprit », « Le royaume de Dieu », « Le nouveau peuple de Dieu », « Le baptême et la Cène [c'est-à-dire les moyens de grâce] » et « Le rétablissement de toutes choses » qui figurent dans la confession de foi de la Coalition.

3. Cantique de John Newton, de 1779 : « How Tedious and Tasteless the Hour » [Quelle heure pénible et insipide].

4. Cette partie du document concerne les thèmes « Quelle attitude adopter à l'égard de la culture environnante ? » et « Qu'est-ce qu'un ministère centré sur l'Évangile ? », figurant dans la vision théologique de la gospel coalition à propos du ministère. Consulter *L'Évangile notre fondement, BGC vol 1. La Vision théologique du ministère*, Éditions Clé, Lyon, 2012.

MIKE BULLMORE

est le pasteur principal de la Crossway community Church à Bristol, dans le Wisconsin. Par le passé, il a été, pendant quinze années, professeur d'homilétique et de théologie pastorale à la Trinity Evangelical Divinity School, en plus d'y occuper la chaire de théologie pratique.

Comment lire la Bible ?

MIKE BULLMORE

Les chrétiens reconnaissent d'instinct une interdépendance essentielle et nécessaire entre l'Écriture et l'Évangile de Jésus-Christ. Comprendre la nature exacte de cette relation relève du défi. Alors que beaucoup de points communs ont pu être (et ont été) explorés avec succès, ce chapitre propose de développer deux corrélations entre l'Écriture et l'Évangile : l'Évangile est une *cause* de la révélation des Écritures et il en est une *conséquence*. En d'autres termes, le grand projet de rédemption éternel de Dieu (exprimé dans l'Évangile) donne naissance à la Bible qui, elle-même, sert à l'accomplissement du projet de Dieu dans l'Évangile.

L'ÉVANGILE, À LA FOIS CAUSE ET CONSÉQUENCE DE LA RÉVÉLATION DES ÉCRITURES

La cause

Quand nous considérons, de manière globale, que l'Évangile est le projet bienveillant et éternel de Dieu pour racheter un peuple et le faire sien (1 Pi 2.9) ainsi que pour restaurer sa création déchue (Ro 8.19-21), alors cette « bonne nouvelle » précède et engendre la révélation biblique. Toute l'Écriture porte la marque d'une conception née d'une grande initiative divine. Dans cette optique, l'Évangile est une cause de la révélation biblique. Alors que l'Écriture elle-même n'est pas l'Évangile, l'Évangile est la raison d'être de l'Écriture, et toute l'Écriture lui est reliée. L'Évangile est le message principal et unificateur de la Bible.

Le dessein de Dieu dans la révélation ne peut jamais être séparé de son dessein rédempteur. Dans l'éternité passée, Dieu a projeté de sauver un peuple pour sa gloire :

> Béni soit le Dieu et Père de notre Seigneur Jésus-Christ, qui nous a bénis de toute bénédiction spirituelle dans les lieux célestes en Christ ! En lui Dieu nous a élus avant la fondation du monde, pour que nous soyons saints et irréprochables devant lui ; il nous a prédestinés dans son amour à être ses enfants d'adoption par Jésus-Christ, selon le bon plaisir de sa volonté, pour célébrer la gloire de sa grâce dont il nous a favorisés dans le bien-aimé (Ép 1.3-6).

Le plan de Dieu remonte aux origines et se concrétise par sa communication orale aux êtres humains, qui est préservée dans l'Écriture.

L'idée d'intention est inhérente à celle de révélation. Dieu projette d'accomplir quelque chose en se révélant lui-même :

*Comme la pluie et la neige descendent des cieux,
et n'y retournent pas sans avoir arrosé, fécondé la
terre, et fait germer les plantes, sans avoir donné
de la semence au semeur et du pain à celui qui
mange, ainsi en est-il de ma parole, qui sort de ma
bouche : elle ne retourne point à moi sans effet, sans
avoir exécuté ma volonté et accompli mes desseins*
(És 55.10-11).

Dieu envoie sa parole pour accomplir son dessein éternel qui est
de sauver un peuple pour qu'il lui appartienne, et il dit, par la
bouche d'Ésaïe, qu'il rassemblera un peuple autour de lui :

*Prêtez l'oreille et venez à moi, écoutez et votre âme
vivra : Je traiterai avec vous une alliance éternelle,
pour rendre durables mes faveurs envers David.
Voici, je l'ai établi comme témoin auprès des peuples,
comme chef et dominateur des peuples. Voici, tu
appelleras des nations que tu ne connais pas, et les
nations qui ne te connaissent pas accourront vers
toi, à cause de l'Éternel, ton Dieu, du Saint d'Israël,
qui te glorifie* (És 55.3-5).

Le Nouveau Testament expose clairement cette intention de
révélation. Paul déclare à propos de l'Ancien Testament :

*Or, tout ce qui a été écrit d'avance l'a été pour
notre instruction, afin que, par la patience, et par
la consolation que donnent les Écritures, nous
possédions l'espérance* (Ro 15.4).

Quelle espérance ? L'espérance de la pleine rédemption que Dieu
va accomplir selon son dessein bienveillant (voir Ro 8.18-25). C'est
pourquoi, nous dit Paul, Dieu a inspiré les Écritures. L'Écriture
est essentielle pour révéler le dessein rédempteur de Dieu ainsi
que sa façon d'agir. Dans cette optique, l'Évangile est la cause de

l'Écriture. Mais l'Évangile est également, dans un sens au moins aussi capital, une conséquence de la révélation biblique.

La conséquence

Nous parlons de l'Évangile à propos de sa proclamation effective. De ce point de vue, la révélation précède nécessairement l'Évangile qui, lui, procède de la révélation scripturaire. L'Évangile est le message principal de la Bible et prêcher sur le contenu de la Bible – c'est-à-dire de l'anticipation prophétique du dessein rédempteur de Dieu en Christ à partir de l'Ancien Testament et du témoignage apostolique jusqu'à l'œuvre accomplie par le Christ dans le Nouveau Testament – c'est libérer la puissance du message de l'Évangile et permettre l'accomplissement de sa finalité, voulue par Dieu. L'Évangile est le message principal de la Bible, qui part de l'anticipation prophétique du dessein rédempteur de Dieu en Christ à partir de l'Ancien Testament et qui aboutit au témoignage apostolique de l'œuvre accomplie par le Christ dans le Nouveau Testament. Prêcher l'Évangile, c'est libérer la puissance de son message afin que Dieu accomplisse par là même son objectif.

Paul le démontre de manière convaincante au chapitre 10 de Romains. Il évoque le projet de Dieu de racheter un peuple pour lui-même, et il écrit :

> Il n'y a aucune différence, en effet, entre le Juif et le Grec, puisqu'ils ont tous un même Seigneur, qui est riche pour tous ceux qui l'invoquent. Car quiconque invoquera le nom du Seigneur sera sauvé. Comment donc invoqueront-ils celui en qui ils n'ont pas cru ? [...] Et comment en entendront-ils parler, s'il n'y a personne qui prêche ? (Ro 10.12-14.)

Quelques versets plus loin, Paul résume ce constat : « Ainsi la foi vient de ce qu'on entend, et ce qu'on entend vient de la parole de Christ » (v. 17). En d'autres termes, la proclamation fidèle de l'Écriture accomplit le dessein salvateur de Dieu.

Pierre souligne la même idée quand il affirme : « Puisque vous avez été régénérés, non par une semence corruptible, mais par une semence incorruptible, par la parole vivante et permanente de Dieu. […] Et cette parole est celle qui vous a été annoncée par l'Évangile » (1 Pi 1.23-25). Jean se fait également l'écho de ces propos lorsqu'il soutient avoir écrit son évangile « afin que vous croyiez que Jésus est le Christ, le Fils de Dieu, et qu'en croyant vous ayez la vie en son nom » (Jn 20.31). Ce n'est qu'une autre manière de dire que la révélation biblique existe pour accomplir le grand projet de Dieu, celui de racheter un peuple pour lui-même, en Christ.

Ainsi la Bible existe à la fois *à cause de* et *pour* l'Évangile. La clé en est que l'Évangile est le message du Christ. La Bible dans sa totalité renvoie d'une manière ou d'une autre au Christ, et le définit. Ainsi, la Bible tout entière contribue non seulement à notre compréhension de l'Évangile, mais encore à notre « écoute » de celui-ci, afin que nous puissions croire et afin que Dieu réalise pleinement son bon projet de rédemption. Pour ce faire, nous devons nous approprier les Écritures, de manière à entrer pleinement dans le bon projet de Dieu.

LA NÉCESSITÉ DE POSSÉDER DES CONVICTIONS FONDÉES POUR POUVOIR LIRE CORRECTEMENT LA BIBLE

Pour que la Bible remplisse efficacement le rôle que Dieu lui destine, certaines convictions fondamentales doivent être présentes et opérantes.

L'Écriture est inspirée de Dieu

L'apôtre Paul rappelle à son cher enfant dans la foi que : « Toute Écriture est inspirée de Dieu » (2 Ti 3.16). Il veut dire par là que toute l'Écriture est issue de la pensée de Dieu et est exprimée (« soufflée », « expirée ») à partir de cette pensée. Les chrétiens doivent être profondément convaincus que Dieu est à l'origine de l'Écriture Sainte, afin que leur vie en soit imprégnée. Quand on emploie l'expression « Parole de Dieu » pour parler de la Bible, on ne devrait pas oublier le sens de ces mots. Dieu a parlé objectivement. Il dit des choses précises. Il parle. Il communique. Dieu a réellement parlé, et l'Écriture est l'expression écrite de cette parole.

Cette conviction implique principalement que la Bible est digne de confiance et authentique. « Toute parole de Dieu est éprouvée » (Pr 30.5). S'en tenir à cette conviction aura un profond impact sur notre façon de la lire et de la mettre en pratique. Cela nous libérera de notre questionnement continuel et de notre perplexité. Si, à l'inverse, nous n'avons pas cette conviction, nous serons pris au dépourvu, dubitatifs et instables devant les difficultés de la vie ou celles de la Bible.

L'Écriture est compréhensible

Paul dit à Timothée : « Efforce-toi de te présenter devant Dieu comme un homme éprouvé, un ouvrier qui n'a point à rougir, qui dispense droitement la parole de la vérité » (2 Ti 2.15). Il y a tout à gagner à manier correctement la Parole de Dieu. À vrai dire, Dieu n'a pas simplement prononcé des discours objectifs et spécifiques, il désire aussi que nous nous les appropriions. Dieu n'est pas une sorte de divinité cruelle qui joue avec nous en se révélant. Il n'a rien dit qu'il nous sache incapables de comprendre, comme un quelconque code indéchiffrable. Rien de ce qu'il nous a communiqué n'a pour objectif de nous frustrer. Non, il parle dans un but bien précis. Le concept même de *révélation* indique une intention de se faire connaître. Dieu accomplit un grand projet qui lui tient à cœur, aussi désire-t-il que nous comprenions ce qu'il a dit.

Quoi qu'il en soit, nous devons nous souvenir du début du verset cité dans la deuxième épître de Timothée, au chapitre 2, verset 15. Paul exhorte Timothée à faire de son mieux et à être un bon ouvrier. Personne n'a accès à la connaissance de manière spontanée. Mais nous devons être pleinement convaincus que nous tirerons profit de l'Écriture si on l'étudie avec foi. Dieu veut que l'on comprenne ce qu'il a dit.

L'Écriture est utile

Le peuple de Dieu ne vit et ne s'épanouit qu'en croyant et en obéissant à sa Parole. Elle est particulièrement utile et profitable. L'utilité de l'Écriture ne relève pas d'un quelconque phénomène mystique, mais l'Écriture est utile grâce à l'enseignement, la remise en question, la correction et l'exercice de la justice (2 Ti 3.16). C'est par ces moyens que la Bible se révèle très profitable.

L'Écriture est efficace

L'Écriture se veut utile, mais quelle est sa réelle efficacité ? Considérons à nouveau les paroles d'Ésaïe :

> *Comme la pluie et la neige descendent des cieux, et n'y retournent pas sans avoir arrosé, fécondé la terre, et fait germer les plantes, sans avoir donné de la semence au semeur et du pain à celui qui mange, ainsi en est-il de ma parole, qui sort de ma bouche : elle ne retourne point à moi sans effet, sans avoir exécuté ma volonté et accompli mes desseins* (És 55.10-11).

Ajoutons à ces paroles celles qui se trouvent en Hébreux : « Car la Parole de Dieu est vivante et efficace, plus tranchante qu'une épée quelconque à deux tranchants, pénétrante jusqu'à partager âme et esprit, jointures et moelles ; elle juge les sentiments et les pensées du cœur » (Hé 4.12). Quand le rédacteur de l'Épître aux Hébreux décrit la Parole de Dieu comme étant « efficace », il veut dire qu'elle est efficiente, capable d'accomplir son dessein et, dit-il, elle le fait avec la capacité de remuer profondément le cœur.

Considérons quelques-unes des spécificités dont se réclame la Parole de Dieu :

1. Elle produit la foi : « Ainsi la foi vient de ce qu'on entend, et ce qu'on entend vient de la parole de Christ » (Ro 10.17).

2. Elle donne une vie spirituelle nouvelle : « Puisque vous avez été régénérés, non par une semence corruptible, mais par une semence incorruptible, par la parole vivante et permanente de Dieu » (1 Pi 1.23).

3. Elle nous aide à croître spirituellement : « Désirez, comme des enfants nouveau-nés, le lait spirituel et pur, afin que par lui vous croissiez pour le salut » (1 Pi 2.2).

4. Elle sanctifie : « Sanctifie-les par ta vérité : ta parole est la vérité » (Jn 17.17).

5. Elle examine le cœur et les convictions : « Car la parole de Dieu est vivante et efficace, plus tranchante qu'une épée quelconque à deux tranchants, pénétrante jusqu'à partager âme et esprit, jointures et moelles ; elle juge les sentiments et les pensées du cœur » (Hé 4.12).

6. Elle libère : « Si vous demeurez dans ma parole, vous êtes vraiment mes disciples ; vous connaitrez la vérité, et la vérité vous affranchira » (Jn 8.31-32).

7. Elle rafraîchit et renouvelle : « Rends-moi la vie selon ta parole ! » (Ps 119.25).

8. Elle restaure et éclaire : « La loi de l'Éternel est parfaite, elle restaure l'âme ; le témoignage de l'Éternel est véritable, il rend sage l'ignorant » (Ps 19.8 ; voir aussi v. 9-11).

Il ne s'agit là que d'un échantillon représentatif de ce que la Parole de Dieu affirme pouvoir faire. Faut-il alors s'étonner des paroles de David : « Heureux l'homme qui ne marche pas selon le conseil des méchants […] mais qui trouve son plaisir dans la loi de l'Éternel » (Ps 1.1-2) ? Une telle personne sera « comme un arbre planté près d'un courant d'eau, qui donne son fruit en sa saison, et dont le feuillage ne se flétrit point » (v. 3). Pour simplifier, Dieu prévoit de nourrir son peuple par sa Parole. L'Écriture est le principal moyen par lequel Dieu nous nourrit, nous fait prospérer, et prévoit d'accomplir son dessein de grâce.

Si ces quatre convictions sont présentes et agissantes dans la vie d'un chrétien, alors il anticipera et s'attendra à la grâce transformatrice de l'Évangile, communiquée par la Parole de Dieu. Une autre caractéristique est toutefois absolument nécessaire.

UNE DISPOSITION DE CŒUR FONDAMENTALE : L'HUMILITÉ

Pour pouvoir nous approprier l'Écriture comme Dieu le désire, nous devons nous placer sous son autorité d'une manière active, passionnée et volontaire. Trop souvent, à cause de notre tendance à avoir une haute opinion de nous-mêmes, nous sommes tentés de nous ériger en juges et critiques de la Parole.

Voici l'histoire d'un homme qui visitait le Louvre, à Paris. Il tenait tout particulièrement à voir *la Joconde* de Léonard de Vinci. Ayant longuement examiné le tableau d'un œil critique, il décréta : « Je ne l'aime pas. » Le gardien qui était de faction à cet endroit lui répondit : « Monsieur, ces tableaux ne sont plus évaluables. Par contre les visiteurs le sont. » Il en est de même avec la Parole de Dieu, qui ne peut faire l'objet d'un jugement. Mais ses lecteurs le peuvent. La question est de savoir si les lecteurs ont le cœur suffisamment humble pour pouvoir se soumettre à l'autorité absolue de Dieu, par le biais de sa Parole.

Une partie de la soumission à l'autorité de la Bible consiste à accepter de se laisser sonder par elle. Nous devrions prendre l'habitude d'examiner régulièrement notre cœur. Mais cet examen ne peut en aucun cas se faire de façon autonome ou dans le vide. Il doit se faire consciencieusement, à la lumière de la Parole de Dieu. Dieu déclare : « Moi, l'Éternel, j'éprouve le cœur » (Jé 17.10). En réponse à cette déclaration, notre prière devrait se faire l'écho de celle de David : « Sonde-moi, ô Dieu, et connais mon cœur ! » (Ps 139.23).

L'Épître aux Hébreux nous rappelle que Dieu juge les sentiments et les pensées du cœur par sa Parole (Hé 4.12).

Acceptons d'être sondés régulièrement et sérieusement par l'Écriture, dans la perspective de nous laisser transformer à la lumière de ce qui nous est révélé. Cette perspective ne devrait pas être seulement un devoir ; nous devrions nous réjouir de ce qu'elle est le moyen voulu par Dieu pour accomplir son œuvre rédemptrice dans notre vie.

Confrontés à la Parole de Dieu, nous avons trop souvent une explication toute prête démontrant qu'elle ne s'applique pas à nous, nous dégageant ainsi de ce que Dieu se propose de faire pour notre bien. Nous ferions bien de nous souvenir des paroles de Thomas Watson, pasteur puritain du XVIIe siècle :

> Saisis-toi de chaque mot, comme s'il t'était adressé personnellement. Quand l'Écriture s'emporte contre le péché, alors dis-toi : « Dieu parle de mon péché » ; quand elle met l'accent sur une tâche précise, pense : « Dieu attend cela de moi ». Beaucoup de gens mettent de côté l'Écriture, comme si elle ne s'adressait qu'à ceux qui ont vécu au moment de sa rédaction ; par contre si vous désirez être au profit de la Parole, prenez-la à votre compte : un médicament ne peut faire du bien que s'il est ingéré[1].

L'humilité est absolument nécessaire – une anticipation active, passionnée, humble et même joyeuse de l'impact de la Parole de Dieu accomplissant son dessein dans notre vie.

LA NÉCESSITÉ DE L'HERMÉNEUTIQUE

Avec ces convictions fondamentales et une attitude de cœur adaptée, voyons à présent comment interpréter l'Écriture. Le Nouveau Testament expose deux principes-clés.

Être centré sur le Christ

Aucun passage de l'Écriture n'est probablement plus impérieux que celui de Luc, au chapitre 24, sur l'importance d'être centré sur le Christ. Jésus s'entretient incognito avec deux de ses disciples, alors qu'ils sont sur le chemin d'Emmaüs. Ils viennent juste de lui faire le résumé des jours précédents, au cours desquels Jésus – en qui ils avaient placé leurs espoirs – avait été mis à mort et serait ressuscité trois jours plus tard, selon des rumeurs invérifiables. Jésus leur répond ainsi : « Ô hommes sans intelligence, et dont le cœur est lent à croire tout ce qu'ont dit les prophètes ! Ne fallait-il pas que le Christ souffre ces choses, et qu'il entre dans sa gloire ? » Puis Luc nous dit : « Et, commençant par Moïse et par tous les prophètes, il leur expliqua dans toutes les Écritures ce qui le concernait » (Lu 24.25-27).

Plus loin dans ce même chapitre, Jésus parle aux disciples réunis : « C'est là ce que je vous disais lorsque j'étais encore avec vous, qu'il fallait que s'accomplisse tout ce qui est écrit de moi dans la loi de Moïse, dans les prophètes, et dans les psaumes » (v. 44). À nouveau Luc ajoute : « Alors il leur ouvrit l'esprit, afin qu'ils comprennent les Écritures » (v. 45). Ce passage montre clairement que Jésus est conscient que la totalité de l'Ancien Testament parle de lui de façon concrète.

Jésus insiste encore sur ce même point dans Jean 5. Alors qu'il s'entretient avec les dirigeants religieux à Jérusalem, il leur dit : « Vous sondez les Écritures, parce que vous pensez avoir en elles la vie éternelle : ce sont elles qui rendent témoignage de moi » (v. 39). Une fois encore, Jésus voit l'Ancien Testament comme l'annonce et la révélation de sa personne.

Il va de soi que le Nouveau Testament parle du Christ. Les apôtres qui l'ont rédigé ont veillé soigneusement à ce que leurs lecteurs ne puissent séparer une quelconque partie de leurs écrits de la personne et de l'œuvre de Jésus-Christ. La Bible est *toujours* centrée sur Jésus, d'une façon toute spéciale et voulue par Dieu. Bryan Chapell, dans son livre particulièrement édifiant *Prêcher. L'art et la manière*, résume très bien ce point :

Dans son contexte, tout texte biblique possède au moins un des aspects rédempteurs suivants. Il peut :
- annoncer l'œuvre du Christ ;
- préparer l'œuvre du Christ ;
- refléter l'œuvre du Christ ;
- résulter de l'œuvre du Christ[2].

Cela signifie bien sûr que, si nous lisons la Bible dans une juste perspective, nous verrons que tout ce qu'elle dit se rapporte au Christ.

Nous ne sommes cependant pas tenus d'intégrer une quelconque correspondance artificielle avec Jésus, chaque fois que nous lisons ou enseignons un passage de l'Écriture. Bien au contraire ! Nous sommes appelés à comprendre et à exposer comment les passages de la Bible pointent réellement vers le Christ. Or les paroles de Jésus présupposent que chaque passage se réfère en fait à lui. Pour que notre lecture de la Bible reste centrée sur l'Évangile comme il se doit, nous devons toujours regarder à Jésus et rester centrés sur lui. Nous pouvons manquer cet objectif aussi bien en lisant le Nouveau Testament que l'Ancien.

Interpréter d'un point de vue spirituel

Il ne suffit pas de simplement reconnaître que la centralité du Christ est essentielle pour interpréter correctement l'Écriture. Pour comprendre la Bible, nous avons besoin de l'éclairage apporté par le Saint-Esprit. La Bible est, par essence, entièrement différente de tout autre livre et nécessite donc une lecture conforme à sa nature.

Paul aborde ce sujet dans sa première lettre aux Corinthiens. Après avoir décrit son récent ministère qui consistait à leur « annoncer le témoignage de Dieu » (1 Co 2.1), et rappelé que sa prédication ne reposait pas sur la sagesse humaine mais sur la puissance de Dieu (v. 4-5), il dit :

> *Cependant, c'est une sagesse que nous prêchons parmi les parfaits, sagesse qui n'est pas de ce siècle,*

ni des chefs de ce siècle, qui vont être réduits à l'impuissance ; nous prêchons la sagesse de Dieu, mystérieuse et cachée, que Dieu, avant les siècles, avait destinée pour notre gloire, sagesse qu'aucun des chefs de ce siècle n'a connue, car, s'ils l'avaient connue, ils n'auraient pas crucifié le Seigneur de gloire. Mais comme il est écrit, ce sont des choses que l'œil n'a point vues, que l'oreille n'a point entendues, et qui ne sont point montées au cœur de l'homme, des choses que Dieu a préparées pour ceux qui l'aiment. Dieu nous les a révélées par l'Esprit. Car l'Esprit sonde tout, même les profondeurs de Dieu. Lequel des hommes, en effet, connaît les choses de l'homme, si ce n'est l'esprit de l'homme qui est en lui ? De même, personne ne connait les choses de Dieu, si ce n'est l'Esprit de Dieu. Or nous, nous n'avons pas reçu l'esprit du monde, mais l'Esprit qui vient de Dieu, afin que nous connaissions les choses que Dieu nous a données par sa grâce. Et nous en parlons, non avec des discours qu'enseigne la sagesse humaine, mais avec ceux qu'enseigne l'Esprit, employant un langage spirituel pour les choses spirituelles. Mais l'homme naturel n'accepte pas les choses de l'Esprit de Dieu, car elles sont une folie pour lui, et il ne peut les connaître, parce que c'est spirituellement qu'on en juge (1 Co 2.6-14).

Quatre choses se dégagent de ce passage. Premièrement, une connaissance émanant de Dieu est révélée aux hommes (v.10-12). Deuxièmement, cette révélation passe par l'Esprit (v. 10). Troisièmement, puisque l'Esprit communique cette révélation, il doit l'interpréter (v. 13). Et quatrièmement, Dieu a donné son Esprit aux croyants afin qu'ils soient en mesure de comprendre ce qu'il leur a gratuitement offert (v. 12). Cela s'applique aussi bien à ceux qui enseignent qu'à ceux qui écoutent (v. 12-13). Nous ne pouvons pas vraiment comprendre la Parole de Dieu sans le secours du

Saint-Esprit. C'est lui qui nous donne la capacité de reconnaître la véracité de l'Écriture et de comprendre son enseignement.

DEUX MANIÈRES DE LIRE LA BIBLE

Voyons à présent comment lire concrètement la Parole de Dieu. Nous ne parlons pas ici de la compétence à lire l'Écriture en public, mais du fait de savoir se l'approprier, que ce soit par notre méditation personnelle ou par l'exercice du discernement lorsque nous entendons prêcher la Bible. À quoi ressemble le fait de dispenser « droitement la parole de la vérité » (2 Ti 2.15) ?

La Bible est infiniment intéressante parce qu'elle relate l'histoire de Dieu et que Dieu est, par définition, lui-même infiniment intéressant. La Bible est une source intarissable. Plus on la lit, et plus on découvre les ressources inépuisables de sa vérité et de sa beauté.

Il existe en fait beaucoup de méthodes pour lire la Bible et, parce qu'elle est inépuisable, beaucoup de ces méthodes peuvent se révéler productives. Toutefois, nous nous intéresserons moins, ici, à ce qu'on pourrait appeler des « méthodes » qu'à ce nous définirions par « approches ». Deux approches principales de la Bible nous sont profitables pour la compréhension du trésor qu'elle recèle, c'est-à-dire l'Évangile.

Lire la Bible comme un récit continu (optique historique)

La Bible est un récit historique. Elle est fermement ancrée dans l'espace et le temps. Elle contient des références régulières et parfaitement intentionnelles à des personnages, des événements et des lieux historiques (par ex. Lu 3.1-3). Il est indubitable que la Bible rend compte fidèlement des événements historiques qu'elle relate. On pourrait imaginer de lire la Bible selon une perspective historique, en « parcourant » le récit biblique chronologiquement. La Bible est composée d'un grand nombre d'écrits provenant de nombreux auteurs différents, ce qui peut représenter un défi pour des lecteurs qui tenteraient de relier entre elles toutes les parties de ce récit.

Mais la Bible est plus qu'un récit retraçant l'histoire de l'humanité. Derrière le récit proprement dit se cache un récit bien plus grand. Le véritable récit biblique nous dévoile le dessein et le plan de Dieu. La Bible est l'histoire de Dieu et son scénario est l'Évangile : le plan de Dieu de racheter un peuple pour qu'il lui appartienne et de restaurer sa création déchue au travers du Christ.

Lire la Bible comme on lirait un précis de perspectives inspirées de Dieu (optique théologique)

La Bible ne se contente pas de relater des faits historiques ; elle les interprète également. L'Écriture nous parvient sous la forme de déclarations, de lois, de promesses, de proverbes, de semonces et autres, mais chaque partie est écrite sous l'inspiration de Dieu. On pourrait imaginer de lire la Bible selon une perspective théologique, en « creusant » les Écritures. En abordant la Bible ainsi, nous rassemblerons ces perspectives en catégories de pensées et parviendrons à une compréhension cohérente de ce que dit la Bible, de façon cumulative. Cette manière de lire nous rendra nécessairement plus attentifs aux contours particuliers des différents livres et passages, mais il est sage de se rappeler que la signification de n'importe quel passage de l'Écriture est reliée à celle de tous les autres passages, puisqu'ils ont été donnés pour contribuer à l'unité de la Parole de Dieu.

La singularité du message biblique

Le message de la Bible est le même, quelle que soit la manière dont on l'aborde. Si on lit la Bible d'un point de vue narratif, son scénario présente la création, la chute, la rédemption et la restauration. Si on la lit comme un recueil de perspectives théologiques, les thèmes qui émergent sont Dieu, le péché, le Christ et la foi. Dans les deux cas, le triomphe du dessein éternel et rédempteur de Dieu apparaîtra. Ces deux manières de lire la Bible ne sont pas contradictoires. Bien au contraire, les deux sont nécessaires à la pleine compréhension et à la « réception » de l'Évangile biblique, à l'acquisition d'une vue d'ensemble de la Bible et de sa façon de tout centrer sur Jésus.

Une illustration tirée de Matthieu 12

Voyons brièvement comment ces deux approches peuvent être complémentaires, en les appliquant à un passage particulier de l'Écriture :

> En ce temps-là, Jésus traversa des champs de blé un jour de sabbat. Ses disciples, qui avaient faim, se mirent à arracher des épis et à manger. Les pharisiens, voyant cela, lui dirent : Voici, tes disciples font ce qu'il n'est pas permis de faire pendant le sabbat. Mais Jésus leur répondit : N'avez-vous pas lu ce que fit David, lorsqu'il eut faim, lui et ceux qui étaient avec lui ; comment il entra dans la maison de Dieu, et mangea les pains de proposition, qu'il n'était permis de manger, ni à lui, ni à ceux qui étaient avec lui, et qui étaient réservés aux sacrificateurs seuls ? Ou, n'avez-vous pas lu dans la loi que, les jours de sabbat, les sacrificateurs violent le sabbat dans le temple, sans se rendre coupables ? Or, je vous le dis, il y a ici quelque chose de plus grand que le temple. Si vous saviez ce que signifie : Je prends plaisir à la miséricorde, et non aux sacrifices, vous n'auriez pas condamné des innocents. Car le Fils de l'homme est maître du sabbat (Mt 12.1-8).

En lisant ce passage d'un point de vue narratif, nous découvrons comment l'incident de David et de ses troupes, qui est rapporté dans 1 Samuel 21, annonce le Christ. Quelle relation Jésus fait-il précisément entre la situation présente et le récit concernant David ? Cet incident dans la vie de David a-t-il eu lieu un jour de sabbat ? Nous ne savons tout simplement pas quel jour David s'était rendu au temple. Si le sabbat était la référence commune à ces deux événements, Jésus aurait fait le rapprochement, ce qu'il n'a pas fait.

Quel est alors le lien entre les deux situations ? Jésus veut-il dire : « Eh bien, puisque transgresser la loi une fois n'a pas posé de problème, transgressons-la de nouveau » ? On peut affirmer sans faillir que cette conclusion va à l'encontre de ce que Jésus a déjà affirmé, quand il mentionnait sa soumission à la loi (voir Mt 5.17).

Jésus explique qu'ils ne transgressent pas la loi ; ils sont « innocents ». Le lien entre les deux événements ne vient pas du « quand » ou du « comment » de l'histoire. Le point commun, c'est le « qui », et l'attention portée à la continuité narrative nous permet de le remarquer. Seuls les prêtres étaient autorisés à manger le pain consacré à moins, bien sûr, que quelqu'un, doté d'une autorité plus grande que la leur, n'entre en scène – quelqu'un qui aurait déjà reçu l'onction royale et aurait autorité sur la loi.

En relatant cet épisode de l'Ancien Testament, Jésus voulait-il signifier que quelqu'un d'aussi important, ou même plus grand, que David était présent, et qu'à l'instar d'Achimélec dans le récit de 1 Samuel 21, les pharisiens auraient dû reconnaître cette autorité supérieure ? Cette vérité, implicite dans les versets 3 et 4, devient explicite dans les versets suivants, quand Jésus proclame sa supériorité, sur les sacrificateurs comme sur le temple. Tout se réduit à l'identité de Jésus, et c'est la narration de l'histoire de David qui nous le rend manifeste. Cette approche met en relief l'appartenance du Christ à la lignée davidique, porteuse de toutes les promesses de royauté et d'autorité sur lesquelles Matthieu met l'accent en rapportant les paroles du Christ.

Mais que nous apporte une approche plus thématique ou théologique de ce passage ? Elle attire notre attention sur le sujet de la présence de Dieu, dont l'Ancien Testament témoigne abondamment. L'image du temple et de tout ce qu'il représente se dessine distinctement. Le fait que Jésus se qualifie lui-même de « quelque chose de plus grand que le temple » occupe le devant de la scène et présente le Christ comme une manifestation nouvelle de la présence de Dieu, principalement au milieu de son peuple. De ce point de vue, la souveraineté de Jésus tant sur le sabbat que sur ceux qui l'observent prend tout son sens.

Finalement, les deux approches nous ramènent au Christ. Tout converge vers le Christ et nous enjoint, comme le Christ lui-même le fait, de venir à lui : « Venez à moi, vous tous qui êtes fatigués et chargés, et je vous donnerai du repos. Prenez mon joug sur vous et recevez mes instructions, car je suis doux et humble de cœur ; et vous trouverez le repos pour vos âmes » (Mt 11.28-29). L'une et l'autre approche contribuent ainsi à la compréhension du message de l'Évangile.

Passage après passage, la lecture de la Bible devrait pour le moins contribuer doublement à une bonne perception de l'Évangile. Dans chaque passage, un double accent, au moins, est mis sur l'Évangile, le premier dans la trame narrative et le deuxième dans la thématique. Chacun d'eux s'associe à l'autre pour renforcer et rendre plus vivantes la véracité et la puissance de l'Évangile de Jésus-Christ.

CONCLUSION : L'ÉVANGILE, À LA FOIS CAUSE ET CONSÉQUENCE DE LA RÉVÉLATION DE L'ÉCRITURE

Nous concluons comme nous avons débuté. L'enseignement central de l'Écriture, c'est le grand plan rédempteur et éternel de Dieu. Dieu a inspiré l'Écriture pour qu'elle participe à son tour à son accomplissement. La bonne nouvelle est le sujet singulier et majestueux de l'Écriture : c'est par la vie sans péché, la mort substitutive, la résurrection, le ministère actuel et le retour triomphant du Christ quand toutes choses, « celles qui sont dans les cieux et celles qui sont sur la terre », seront réunies en lui (Ép 1.10) – que Dieu accomplira son dessein parfait pour l'humanité et pour toute la création (Ro 8.21).

Notre manière d'aborder la Parole de Dieu devrait toujours être influencée et orientée par cette constatation, lors de notre appropriation personnelle de cette Parole et lors de sa proclamation joyeuse, pour la gloire de Dieu et le bien de tous ses rachetés.

LECTURES RECOMMANDÉES

Clowney, Edmund P. *The Unfolding Mystery: Discovering Christ in the Old Testament.* Philipsburg, NJ : P&R, 1988.

Goldsworthy, Graeme. *The Goldsworthy Trilogy.* Exeter: Paternoster, 2000. Deux ouvrages de cet auteur existent en français: *Le Royaume révélé de l'Ancien Testament à l'Évangile (Excelsis, 2005)*, et *Christ au cœur de la prédication (Excelsis, 2005)*.

Roberts, Vaughan. *God's Big Picture: Tracing the Storyline of the Bible.* Downers Grove, IL: InterVarsity, 2002.

NOTES

1. Tiré de son sermon intitulé « How We may Read the Scriptures with Most Spiritual Profit » et cité par Donald Whitney, *Spiritual Disciplines for the Christian Life* (Colorado Springs: NavPress, 1991), p. 53.
2. Bryan Chapell, *Prêcher. L'art et la manière* (Excelsis, 2009), p. 322.

La *Gospel Coalition*

Nous constituons un groupement de pasteurs et de responsables chrétiens profondément décidés à renouveler leur foi dans l'Évangile du Christ et à repenser leurs pratiques et leurs ministères pour les conformer entièrement aux Écritures. Nous sommes fortement préoccupés par certains mouvements issus du milieu évangélique traditionnel qui semblent actuellement relativiser la vie de l'Église et nous éloigner de nos croyances et pratiques historiques : d'une part, ces mouvements cautionnent la politisation de la foi et l'idolâtrie que constitue le consumérisme individuel ; d'autre part, on y tolère tacitement le relativisme théologique et moral. Ces dérives ont abouti à l'abandon de la vérité biblique et du style de vie transformé qui sont le reflet de notre foi historique. Non seulement nous entendons parler de ces courants, mais nous en constatons les effets sur le mouvement évangélique. Nous nous sommes donc engagés, par ces documents fondateurs, à insuffler à nos Églises un nouvel espoir et une joie contagieuse, basés sur les promesses reçues par la grâce seule, au moyen de la foi seule, en Christ seul.

Nous croyons qu'il existe au sein de nombreuses Églises évangéliques un consensus profond et largement partagé sur les vérités de l'Évangile. Nous constatons pourtant que dans nombre d'Églises la célébration de notre union avec le Christ est remplacée par l'attrait séculaire du pouvoir et de la richesse, ou par un repli quasi monastique dans l'attachement aux rites, à la liturgie ou aux sacrements. Or, ce qui tend à remplacer l'Évangile dans les Églises ne favorisera jamais une foi ardente centrée sur la mission, solidement ancrée dans la vérité, manifestée par une vie de disciple sans complexes ; une foi qui endure les épreuves et les sacrifices liés à la vocation et au ministère. Nous désirons avancer sur la Voie royale, visant constamment à apporter réconfort, encouragement et enseignement aux responsables de l'Église d'aujourd'hui et de demain afin qu'ils soient mieux équipés pour nourrir leurs ministères de principes et de pratiques qui glorifient le Sauveur et procurent du bien à ceux pour lesquels il a versé son sang.

Nous voulons susciter un élan unificateur parmi tous les peuples, un zèle pour honorer le Christ et multiplier le nombre de ses disciples, les rassemblant autour de Jésus au sein d'une authentique coalition. Une telle mission, fondée sur la Bible et centrée sur la personne de Christ, est le seul avenir viable pour l'Église. Cette conviction nous incite à nous joindre à tous ceux qui sont persuadés que la miséricorde de Dieu en Jésus-Christ est notre unique espoir de salut éternel. Nous désirons défendre cet Évangile avec clarté, compassion, courage et joie, unissant joyeusement notre cœur à celui des autres croyants par-delà les barrières confessionnelles, ethniques et sociales.

Notre désir est de servir l'Église que nous aimons en invitant tous nos frères et sœurs à se joindre à nous dans cet effort pour refonder l'Église contemporaine sur l'Évangile historique de Jésus-Christ, de sorte que notre vie et nos discours soient pleinement authentiques et intelligibles pour les gens de notre époque. En tant que pasteurs, nous avons l'intention de le faire par les moyens de grâce habituels que sont la prière, le ministère de la

Parole, le baptême et la Cène, et la communion des saints. Nous désirons ardemment travailler avec tous ceux qui, non seulement acceptent notre confession de foi et notre vision, mais également soumettent l'ensemble de leur vie à la seigneurie du Christ, avec une confiance inébranlable dans la puissance de l'Esprit pour transformer les personnes, les peuples et les cultures.

Index des brochures de la Gospel Coalition

www.ingramcontent.com/pod-product-compliance
Lightning Source LLC
Chambersburg PA
CBHW060035050426
42448CB00012B/3021